Mon Petit Livre

Mon Petit Livre

Mon Petit Livre

Vous présente

Le monde

comme il va

illustration extérieure : Mystère TUTLE

illustration intérieure : Subhasin ART

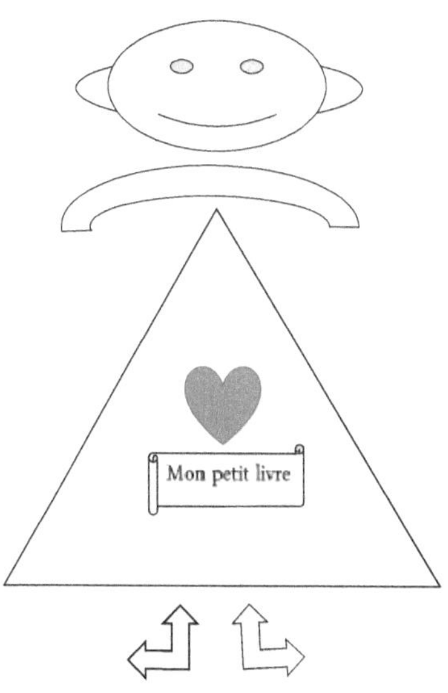

Mon Petit Livre

Mon Petit Livre

Mon Petit Livre

Origine d'un millier de poèmes

Version 1

Il était une fois dans le village nommé « Ecriture », 3 otages condamnés à perpétuité : un stylo, un papier et une main. Ils étaient pauvres et étrangers. Un jour, avant de quitter le commun des mortels, ils décidèrent de créer quelque chose afin de laisser une trace. C'est ainsi qu'ils laissèrent 1 millier de poèmes que nous vous invitons à découvrir.

©Kabirou OWOLABI

Version 2

J'étais assis seul sur le banc dans ce petit parc

Quand toutes les princesses passaient et feignaient de m'ignorer.

Puis vint comme un vent d'orient *l'écriture*.

L'écriture vint vers moi pour me tenir compagnie.

Le feeling passait tellement bien entre nous que finalement elle décida de

rester.

C'est ainsi qu'Elle pénétra mon esprit et y trouva une humble demeure.

Une humble demeure qu'elle décida de ne jamais quitter.

Depuis ce jour mon sang se transforma en *encre*

vi

Une encre qui sort comme un org*sme à chaque fois que mes doigts caressent ce papier. ©Kabirou OWOLABI

Version 3

Un avion de la princesse écriture pénétra l'orbite terrestre. Elle chercha rapidement un endroit pour se poser car d'où elle venait, des gens en voulaient en sa vie.

La plupart des aéroports officiels lui étaient fermés d'accès.

Personne n'était censée être au courant de sa présence sur terre.

Il lui fallait un endroit discret loin de toutes ces civilisations et de toutes ces technologies.

Un endroit où règne la civilisation d'humilité, de simplicité, de sagesse et d'amour.

C'est ainsi qu'un jour, elle vit un pauvre jeune garçon. Un pauvre jeune qui tous les matins, partagea ce qu'il a sous la main avec les mendiants se trouvant sur son chemin.

Elle aima ce jeune garçon et prit le risque de se poser sur son petit aéroport en sable.

Ce risque était tellement grand que son avion aurait pu être décomposé en mille morceaux.

Mais la princesse écriture était prête à risquer tout pour ce jeune garçon.

Après quelques secousses et turbulences, l'atterrissage fut finalement réussi.

L'avion de la princesse écriture, malgré quelques blessures ici et là réussit à se poser dans l'aéroport en sable de la mémoire de ce jeune homme.

La porte de l'avion s'ouvra finalement, Princesse écriture descendit dans sa
belle robe. Elle inonda d'amour le sang de ce jeune garçon au point que
son sang n'était plus le même.

Depuis ce jour, ce jeune garçon n'était plus attiré par les mêmes choses.
Leur amour les condamnait à vivre au milieu des papiers de la petite
bibliothèque. Ils passèrent le restant de leur vie à courir après les papiers,
et à se loger dans les bibliothèques.

Leur paix, leur bonheur, leur bien-être se trouvaient uniquement dans les
papiers. Leur rêve était de faire de la Terre, une immense bibliothèque.
Avant l'invention des papiers, leur amour accouchait de toutes sortes de
dessins, de toutes sortes de lettres dès qu'ils touchent le corps de la mere
Terre (le sable).

Malheureusement à chaque passage du vent, à chaque passage des vagues
de la mer, à chaque passage des humains ou même des animaux, leurs
messages étaient effacés, emportés par les traces de ces derniers. Ceci
empêchait la génération future d'avoir connaissance du fruit de leur
amour.

Ceci se perpétua, jusqu'au jour où mère *Savoir* leur offrit ce qu'elle avait
de plus cher. C'était leur plus beau cadeau : un papier et un stylo.
C'est ainsi qu'ils ont pu sauvegarder la mémoire du fruit de leur amour.
Ils accouchèrent *un millier de poèmes* que nous vous invitons à
découvrir.

© Kabirou OWOLABI

Version 4

C'est la guerre,
Les adversaires ont pris leurs armes
C'est la guerre,
les ennemis sont montés sur leur char

C'est la guerre,

L'adversaire avance vers moi

L'ennemi avance son arme pour me faire du mal

Il s'approche,

Il se rapproche pour me faire du mal

J'eus peur

Je pris panique

Car j'étais orphelin et solitaire

Car je n'avais aucune arme

Car je n'avais rien pour me défendre

Puis tout à coup, j'entendis un bruit

Celui d'un vent

Un vent souffla

Un vent frais dont le passage hérissait ma peau

Un vent frais dont le passage me donna une chair de poule

Une chair de poule qui m'obligea à fermer mes yeux un moment

Puis un autre moment

Et quand je les ouvrai

J'avais dans une main, un stylo

Et quand je les ouvrai

J'avais dans l'autre main, un papier

Ce vent avait pénétré comme un souffle mon nez

Ce vent avait pénétré comme à travers une porte ma peau

Cet air frais se mélangea à mon sang

Ce mélange se dirigea vers mes doigts

Et changea leurs désirs

Leurs désirs n'étaient plus tournés vers la même chose

Leurs désirs étaient tournés vers une seule chose

Embrasser un stylo

Mes doigts n'avaient désormais qu'un seul souhait

Embrasser ce stylo dans un seul endroit
Cette chambre, cette bibliothèque
Sur un seul lit, ce papier
Le fruit de leur amour avait une forme
Une forme que le langage des mortels appelle écriture
Une écriture
Une écriture dont la vue dispersait mes ennemis

Une écriture
Une écriture dont la face faisait fuir mes adversaires Une écriture
Une écriture dont la beauté exterminait entièrement Ceux qui en
voulaient à ma vie.
Et depuis ce jour, je promis une chose à ce vent
Prendre soin de ce qu'il m'a donné
Je ne faisais rien
Sans avoir mon stylo et mon papier sur moi.
Je transformai ma chambre en une bibliothèque
Et mon souhait était de transformer le monde autour de moi
En une immense bibliothèque. © Kabirou OWOLABI

— — — — — — — — — — — — — — — — ·

Version 5

Une idée est dans ma tête
Une pensée est dans ma mémoire
La retenir dans ma tête me donne les mots de tête
La retenir dans ma mémoire me donne la migraine

x

Elle veut que je la fasse sortir

J'essaye d'ouvrir ma bouche pour l'exprimer

Mais elle refuse de sortir par la porte de ma bouche J'essaye de

délier ma langue pour l'exprimer

Mais elle refuse de passer par la porte de ma langue Que

dois-je faire alors pour l'exprimer ?

Que dois-je faire alors pour m'en libérer ?

Je cherche une porte d'expression

Une porte de sortie discrète

pour toutes ces idées retenues captives dans mes pensées

pour toutes ces idées qui ne veulent pas être exprimées par mes lèvres

pour toutes ces idées qui veulent être exprimées qu'en images qu'en

lettres, qu'en alphabets qu'en écriture.

C'est ainsi que mes mains se mettent à bouger

C'est ainsi que mon poignet se met à trembler

Parce qu'il y a quelque chose qui frappe fort à leur porte

Cette chose veut sortir coûte que coûte

Ses efforts de sortir de moi

Se manifestent par les tremblements au niveau de mes mains,

De mes poignets, et parfois de mon bras

Mes mains réclament quelque chose

Donnez-leur svp ce qu'elles réclament

Elles réclament leur addiction

Mais même moi, je n'en étais pas au courant

Une addiction dont je n'en ai pas eu connaissance jusque-là

Le stylo, le stylo, le stylo

La clé qui ouvre la porte de mes mains

Le stylo, le stylo, le stylo

Le stylo était cette clé qui ouvre la porte de mes mains

Il suffisait que mes mains saisissent ce stylo

Elles le saisissent et l'embrassent de sorte que le stylo et mes mains

Prennent la forme d'une croix

Et quand la porte de mes mains s'ouvre

Les idées captives

Passent dans mon sang

Se connectent au sang de mon stylo (encre)

Et se déversent sur ce papier

Dans cette bibliothèque

C'est ainsi que j'accouchai d'un millier de poèmes

Un millier de poèmes qui a la forme du sang versé sur du papier un

millier de poèmes que je vous invite à découvrir.

©Kabirou OWOLABI

— — — — — — — — — — — — — — —

****

Version 6

****

****

Un ciel orageux plane au-dessus de ma tête, un vent violent

souffle, les arbres bougent comme s'ils allaient être arrachés, les

tonnerres retentissent, les éclairs sillonnent le ciel, les oiseaux

se hâtent de se cacher, les animaux se pressent de trouver un

abri, il fait de plus en plus noir et tout à coup,

Ce ciel orageux commença à faire pleuvoir un puissant orage

sur la terre de ma mémoire,

Une heure s'écoula, deux heures s'écoulèrent, une semaine, un

mois, des mois s'écoulèrent et là ça y est … la fois de trop.

La terre de ma mémoire quant à elle, a essayé d'avaler le

maximum d'eau qu'elle pouvait, mais cette grande pluie

dépasse de très loin ses capacités de stockage. La terre de ma mémoire commença alors à vomir de l'eau, elle vomissait de l'eau d'un côté, l'orage continuait de l'autre côté. La terre de ma mémoire fut complètement inondée.

Une inondation qui commence à faire des dégâts dans mon corps. Alerte maximale à tous les organes de mon corps. Le risque de catastrophe naturel est imminent si rien n'est fait jusque-là dans ma chair.

Au secours ! Il est hors de question que ce dégât ait lieu sur la terre de ma mémoire. Au secours ! il est hors de question que je reste là à observer et à ne rien faire, il est hors de question que je laisse cette eau envahir tout dans mon corps. Je cherche une solution, ça y est, j'ai une idée. J'ai essayé de retenir l'excès d'eau dans mes organes, mais mes organes furent rapidement remplis, au point qu'ils commencent à déborder eux aussi, ils débordèrent au point que mon sang perdit sa couleur d'origine.

Mon cœur quant à lui commença à perdre le rythme de ses battements. Il faut faire quelque chose contre cette inondation. Mon âme est agitée, mon esprit est paniqué, ma chair est en danger.

Puis mon oreille intérieure s'ouvrit, une voix intérieure me souffla la réponse que voici : « La seule façon pour toi d'évacuer cette inondation est de la laisser passer par une sortie ».

Je lui proposai alors de sortir par la bouche, mais elle ne voulut pas, je lui proposai encore de sortir par la sueur de ma peau, mais elle ne voulut toujours pas. Je lui proposai de sortir par les larmes de mes yeux, mais elle ne voulut pas non plus, (j'étais prêt à pleurer quitte à faire couler mes larmes pendant toute une année s'il le faut mais non, elle ne voulut pas).je lui proposai de sortir par le liquide de mes parties in***es, mais elle ne voulut pas non plus. Je lui proposai de sortir par ici ou pour là, mais elle ne voulut toujours pas. C'était finalement un dialogue de sourd.

Je me disais alors, (oula !) c'en est fini pour moi, je ne comprends plus rien de ce qui m'arrive, j'étais là en train de pleurer sur mon sort, quand la même voix intérieure me souffla encore une réponse : « La seule sortie par laquelle elle accepte de sortir c'est l'extrémité de tes doigts »

Quoi ? l'extrémité de mes doigts ? comment cela peut être possible ?

Oulala !!! J'étais là à dire comment cela est possible, est ce que mes doigts ont une porte de sortie, est ce que l'extrémité de mes doigts a un trou, bref je courus alors chez le médecin, et lui demandai de placer des aiguilles à chaque extrémité de mes doigts car il y a une chose en moi que je dois faire sortir mais que je n'y arrivais pas à faire sortir jusque-là. Mais là encore, rien ne sort. Je courus vers les grands sorciers de mon village, j'offris tous mes biens en sacrifice, je prononçai toutes les incantations qu'ils ont dit de prononcer mais rien, j'offris des sacrifices à l'océan atlantique, mais non, j'offris des sacrifices à l'océan pacifique, à l'océan indien, je dis bien rien ne sort. Je courus vers les grands serruriers de mon village, chacun plaçait sa clé magique au niveau de l'extrémité de mes doigts, mais rien ne sortit toujours, même pas une seule goutte de cette eau du ciel ne sort de mon doigt, les grands serruriers de mon village passèrent l'un après l'autre, jusqu'au dernier, mais personne ne réussit à trouver le moyen de faire sortir ce qui doit sortir par l'extrémité de mes doigts. Je suis abattu encore une fois, complètement découragé, le rythme de battement de mon cœur se ralentit de plus en plus, si rien n'est fait dans les brefs délais, ma vie risque d'y passer. Si cette chose ne sort pas de moi, quelque chose en moi risque d'exploser. J'étais là encore très découragé du fait que je n'ai pas pu trouver de solution, puis la même voix intérieure me souffla encore cette réponse : « La seule personne capable d'ouvrir la porte de sortie de tes doigts c'est un stylo ».

On courra partout dans ce village pour retrouver un stylo. Trouver moi un stylo ! trouver moi un stylo ! trouver moi un stylo svp !!!

Et finalement on finit par le trouver. C'est ainsi que finalement on m'emmena un stylo, on le posa à l'extrémité de mes doigts, mais encore rien, je dis bien rien ne sortit, bref rien de visible, et pour une fois, cette voix intérieure vint encore à mon secours : « l'une des seules personnes capables de bien voir cette eau immense qui coule en toi s'appelle le papier (feuille de papyrus) ». C'est ainsi que je posai ma main sur ce papier, et l'extrémité de mes doigts embrassait ce stylo dessus. A ma grande surprise, ils s'embrassèrent, ils s'enlacèrent, ils restèrent collés l'un à l'autre, je ne compris rien. On dirait une fusion, une histoire d'amour qui date de longtemps. Je sentis une paix en moi, un bonheur, une joie que je ne peux pas découvrir avec les mots du langage humain. Bref, c'est ainsi que finalement en embrassant avec amour sur du papier, ce stylo avec l'extrémité de mes doigts, cette eau en moi sort finalement comme un écoulement, un écoulement que le langage des mortels appelle « encre ». Cet écoulement dessine ou prend des formes, on dirait, attendez je vais voir, oui on dirait des dessins, mais le commun des mortels a préféré l'appeler « l'écriture ».

Tout ceux dont je me rappelle encore c'est que l'extrémité de mes doigts et le stylo par leur union, plantèrent des lettres comme on plante des fleurs sur le jardin de ce vierge papier. Quand j'observai attentivement, je compris alors qu'il faut au minimum deux doigts pour embrasser ce stylo, je compris aussi qu'il ne faut pas embrasser ce stylo partout, il faut plutôt l'embrasser sur du papier. C'est en ce moment que cette inondation en moi accepte de sortir. Dès que cette eau du ciel arrose le papier, des fleurs de lettres se suivent entre elles pour former le jardin de mots sur la terre du papier. C'est ainsi que je fus condamné à vie, condamné à vivre avec ma main, un stylo et un papier, condamné à arroser avec cette eau du ciel (l'encre) le jardin de ce papier vierge.

En agissant ainsi jour après jour, mois après mois, année après année, je réussis à stabiliser le rythme de battement de mon cœur. Ainsi je finis par écrire ce texte et les autres que vous connaissez de moi et je réussis ainsi à prolonger mes jours auprès de la mère Terre. ©Kabirou OWOLABI

****

****

Version 7

Il était une fois dans le Village nommé Ecriture
Une très belle princesse, une princesse charmante nommée
Princesse papier...

Princesse papier était tellement belle que le soleil se levait tôt pour admirer sa beauté, le soleil se couchait même parfois tard pour pouvoir contempler au maximum la beauté de *Princesse papier*. La lune quant à elle se pointait chaque nuit au-dessus du toit de la maison de *princesse papier* pour être sûr de bien admirer sa beauté. Les étoiles sortaient toutes de leur cachette pour pouvoir ne rien rater de la vie de notre princesse papier.

Même le vent n'était pas indifférent à la beauté de notre princesse. Un doux vent frais accompagnait les déplacements de notre précieuse princesse. Au dehors, on pouvait apercevoir un air frais qui tente chaque fois de soulever les robes de notre princesse, au-dedans, on pouvait apercevoir les rideaux de ces fenêtres soulevés de part et d'autres par ce même air doux et frais.

Princesse papier était belle, la nature l'admirait, mais pas que, les *Princes Stylos* également. Les princes stylos étaient tous également à l'affût. Sur les murmures de toutes les lèvres, on entendait que la même chose : « le rêve, la passion de partager la vie de notre princesse

Mais la beauté de notre princesse n'intéressait pas que les stylos.

La renommée de la beauté de notre princesse s'accroissait jour après jour, elle s'accroissait jusqu'au jour où la nouvelle atterrit au palais. *Reine Ecriture* apprit la nouvelle, et sans tarder, ordonna ainsi à ses officiers de veiller sur la princesse, afin que personne ne lui fasse du mal.

Les gestes et déplacements de notre précieuse *princesse* étaient surveillés ou du moins encadrés ici ou là. La sécurité autour d'elle, était de plus en plus renforcée.

Jour après jour, puis un jour arriva où le regard d'un stylo attira le regard de *Princesse papier*. C'était un stylo simple, humble et surtout généreux. C'était un stylo qui passait sa vie à aider ses confrères, un stylo qui passait sa journée au côté des plus faibles, des plus démunis, bref un stylo qui n'avait que pour beauté celle de son cœur, qui n'avait que pour charme, celui de son âme. Son cœur était rempli d'amour, de sagesse, de compassion et surtout de générosité. Il était incapable de mentir, incapable de porter un faux témoignage bref incapable de faire du mal à une mouche dans ce village d'écriture. Il réussit tout de même ce jour-là, malgré sa discrétion, à attirer le beau regard de *Princesse papier*. Ainsi regard après regard, sans l'aide d'aucune conversation, sans aucun effort oral, le stylo réussit à faire pencher vers lui, le cœur de notre *princesse*. *Princesse papier tomba amoureux de *stylo* et *stylo* aussi tomba amoureux de *princesse papier*. Tout se passait comme si, *Reine Amour* les avait réunis, ils étaient

xviii

comme emprisonnés dans une cage d'amour, où tout autour d'eux, n'était que *amour*, le soleil autour d'eux brillait d'amour, la lune au-dessus de leur tête, reflétait que l'amour, les étoiles scintillaient d'amour, même le vent qui passait, soufflait que d'amour. Tout ceci se déroulait en cachette, à l'abri du regard des populations de ce grand village « Ecriture ». Car la tradition interdisait à quiconque de toucher *princesse papier* avant le jour de leur union.

Ils vivaient leur amour en cachette, jusqu'au jour où, ils ne pouvaient plus rester dans la discrétion.

[...] Ils étaient obligés de se révéler à leurs familles bien sûr, s'ils veulent continuer à profiter de ce grand amour qui les unissait.

Ainsi, le jour J arriva, *stylo* doit découvrir la belle famille de *princesse papier* car les parents de *princesse papier* sont partis très tôt, ils sont devenus des anges dans le ciel, ce jour-là fut un jour de stress pour lui, *stylo* n'a pas pu fermer les yeux la veille, malgré les messages et les encouragements de la princesse papier. Il est maintenant l'heure, et la pluie n'a toujours pas encore cessé de tomber, des tonnerres retentirent dans le ciel, de l'eau tomba du ciel et mouilla *stylo* sur le chemin vers le palais de *princesse papier*. *Stylo* arriva ce jour-là tout mouillé, un peu stressé, car la première rencontre, la première impression est très importante. Mais avec la faveur du ciel, *stylo* arriva à trouver le chemin pour se présenter devant la famille de *princesse papier*. Avant ce jour, les deux amoureux s'attendaient à une union rapide, mais très rapidement, la belle famille de *princesse papier* ne souhaitait pas se libérer de sa princesse aussi rapidement. Pour cela, ils trouvèrent une idée, après s'être consultés entre eux, ils demandèrent au *stylo* d'emmener quelque chose et dès qu'il emmène cette petite chose, leur union sera célébrée le lendemain. Cette chose était un poème, un poème que personne n'avait jamais écrit, un poème qu'aucune encre n'avait dessiné, un poème qu'aucune oreille n'avait entendu.

stylo s'en alla tout triste car il savait qu'il aura du mal à trouver ce précieux poème. Il savait qu'il n'y arrivera jamais. Mais comme il tenait à sa princesse, il était prêt à tenter le tout pour le tout. A force de réfléchir sur la façon d'attirer un tel texte, à force de méditer sur la façon de recevoir un tel précieux texte, un vieillard vint vers stylo sur le chemin et lui donna une astuce. Sans tarder, le lendemain, stylo s'en alla vendre tout ce qu'il avait sous la main, il vendit tout ce qu'il possédait, il les vendit tous et les offrit aux plus démunis du village écriture, il les offrit aux veuves, aux orphelins, aux sans-abris, et même aux animaux. Le soir, stylo s'en alla dormir tout fatigué, c'est en ce moment qu'un vent léger souffla, ce vent léger pénétra la porte de sa mémoire et lui délivra un premier message,

Ma princesse

Pour écrire un texte en ton honneur, je rassemblerai tous les alphabets de toutes les langues.

Ma princesse,

Pour t exprimer mes sentiments, j emprunterai les écrits de tous les poètes.

xx

Ma princesse,

Pour t écrire je t'aime

Je ferai couler sur le papier toutes les encres de tous les stylos.

Ma princesse

Ton amour en moi est si grand

Et mon cœur est heureux de le porter en lui

Puis ce vent descendit vers la porte de son cœur et lui délivra

un autre message :

Quand je pense à toi

Je souris

Quand je rêve de toi

Je souris dans mon sommeil

Et Quand je te vois

Mon cœur se remplit de joie.

Mes yeux ne se lassent jamais de contempler ta beauté.

Ta voix est comme une douce mélodie a mes oreilles.

Ton baiser est comme une goutte de miel sur mon palais.

Je t'aime

Même ce mot ne suffira pas pour exprimer ce que je ressens

pour toi.

Je t'aime

Même ce texte ne suffira pas pour te témoigner l'immensité de

mon amour pour toi.

Reine écriture écouta avec admiration la demande en mariage

de « prince stylo. Reine écriture valida la proposition de notre

xxi

pince et célébra dans une grande bibliothèque vierge, l'union entre « princesse papier » et « prince stylo ». Ils furent heureux tous les jours de leur vie et accouchèrent d'un millier de poèmes que nous vous invitons à découvrir. © Kabirou OWOLABI

****

Version 8

****

Il y a un feu en moi
Un feu si fort comme un volcan
Un feu tellement fort que si je le laisse s'exprimer à l'état brut
Risque de consumer tout, je dis bien tout ce qui est autour de moi
Et comme j'aime les gens autour de moi
Et comme je ne veux pas que les gens autour de moi soient consumés.
Comme je ne veux pas leur faire du mal
Je gardai ce feu caché à l'intérieur de moi pour qu' il ne puisse pas
s'exprimer, pour qu'il ne puisse pas se révéler
Mais à défaut de consumer les autres, à défaut de faire du mal aux autres
autour de moi,
Ce feu, je dis bien ce feu, m'a consumé moi-même
Ce feu a consumé mon cœur
Et le sang qui en découle
Sort comme des vers des poèmes au niveau des extrémités de mes doigts
© Kabirou OWOLABI

****

Version 9

****

Il était une fois dans le Village nommé Ecriture Un jeune homme.
Ce jeune homme fut condamné à mort après avoir été accusé à tort
d'avoir déshonoré la fille bien aimée de la Reine Ecriture.

La fille bien Aimée de la Reine Ecriture aurait aimé prendre sa défense non seulement parce qu'elle savait que ce jeune homme était innocent mais surtout parce qu'elle l'aimait beaucoup. Malheureusement la fille unique de la Reine Ecriture, ne pouvait plus parler. Elle était devenue muette après ce déshonneur. Ce jour-là, dans le palais, Elle multiplia les signes afin de faire comprendre à sa Reine que ce jeune homme était innocent. Mais la colère de la Reine l'empêchait de comprendre ses différents messages.

Quant au jeune homme, conscient de la réalité de la situation, ne s'y attendant pas à une fin prématurée de sa vie,
Sachant désormais qu'il n'avait que peu de temps à vivre sur cette terre.
Il réfléchît dans sa cellule de prison sur la manière prolonger ses jours,
voire même s'il le faut, perpétuer sa mémoire.

Il eut enfin une bonne idée

Celle de se transformer

Se transformer en quoi

Se transformer en Ecriture.

Ainsi, Avec la complicité du stylo et du papier, que lui offrit secrètement la fille de la Reine Ecriture. Notre jeune homme réussit à se transformer.

Il réussit à vivre autrement. Son esprit son âme et son corps se décomposèrent sous forme de papiers, en vers, en poèmes.

Quand la Reine Ecriture envoya ses officiers pour exécuter le jeune homme, ils trouvèrent dans la cellule au lieu d'un corps humain, un millier de papiers, c'est-à-dire un millier de poèmes. La fille de la Reine quant à elle, retrouva sa voix à chaque fois que sa main s'approchait d'un de ces papiers. La Reine Ecriture consciente de la chose, ordonna qu'on conserve précieusement les dits papiers. Elle conserva ainsi précieusement ses poèmes qui donnent de la voix à celui ou celle qui l'avait perdu, ou à celui ou à celle qui n'en avait même pas du tout. Ses poèmes que nous vous invitons aujourd'hui à découvrir.

©Kabirou OWOLABI

****

****

Version 10

Il y a quelqu'un qui écrit dans ma tête

Il y a quelqu'un qui écrit sur les pages de mon cœur

il y a quelqu'un qui nage et qui chante dans la mer de mon sang

Cette personne, je ne l'ai jamais vu

Mais je peux vous la décrire.

Elle est comme une voix intérieure qui me parle

Elle est comme le bruit des étoiles la nuit.

Elle est comme une eau qui apaise la soif de mon esprit

Elle est comme un oiseau qui se promène

et qui chante dans le ciel de ma vie

Elle refuse que je fasse sortir sa parole par ma bouche

Elle veut que seuls mes doigts soient capables d'exprimer ses sentiments.

Et ses sentiments,

et cette voix à travers le bout de mes doigts.

Seule une plume

Seul un stylo peut la lire, peut la décrypter.

Et cette lecture de ma plume

et ce décryptage de mon stylo

Seul un papier peut l'entendre.

C'est ainsi que ce papier a entendu un millier de poèmes

Un millier de poèmes que nous vous invitons aujourd'hui à découvrir.

© Kabirou OWOLABI

****

****

Version 11

il était une fois dans un village nommé Ecriture, un jeune garçon.

ce jeune garçon était beau, simple, et généreux

Mais malheureusement ce n'était pas tout il était aussi muet et avait également un handicap.

Son handicap était ceci :

il ne pouvait pas voir un désert, à chaque fois il doit y planter des arbres jusqu'à ce que ce désert devienne une forêt

il ne pouvait pas non plus voir un espace vide ou un terrain vide, à chaque fois, il y fera pousser des fleurs, des arbres jusqu'à en faire un jardin, un parc bref un petit coin de paradis.

Il agissait ainsi à chaque fois au point que le village Ecriture autrefois un petit village comme tous les autres

était finalement devenu presque un Jardin d'Eden c'est à dire un petit coin de paradis.

Ce jeune garçon agissait ainsi et son âme n'avait presque jamais de repos, car à chaque fois il y avait ou un terrain vide ou un espace vide, ou un espace désertique, ceci bien évidemment vu l'immensité du village Ecriture.

La Reine Ecriture consciente de la chose mais aussi et surtout de la bonne intention du jeune garçon, consciente de toutes ces réalisations dans son village (car le village Ecriture était devenu presque un Jardin d'Eden grâce à ce jeune garçon), réfléchissa sur le moyen d'aider ce jeune garçon à retrouver le repos. Guérisseurs après Guérisseurs, délivrances après délivrances, tous les experts du village ont essayé de tous leurs dons et de tous leurs talents afin de donner du repos a ce jeune garçon,

mais aucun d'eux ne réussit à le faire.

Jours après jours, semaine après semaines, Faute de trouver un remède pour ce beau gentil petit garçon, la Reine Ecriture décida alors de l'enfermer dans une cellule afin de l'aider à contenir cet handicap.

Un jour passait, puis des mois des années jusqu' au jour où la Reine Ecriture envoya ses officiers pour vérifier comment le jeune garçon allait.

Ces derniers étaient surpris de leur découverte :

le jeune garçon n'y était plus,

O ! comment cela était possible ?

en effet, son handicap s'était transformé, c'est à dire il s'était manifesté

autrement

le jeune garçon avait transformé les murs de sa cellule en une forêt de

dessins de mots de messages.

On pouvait lire ces écrits, ces dessins, sur les tables, les chaises, les portes,

les fenêtres ...

A chaque fois qu'il voyait un papier vierge, il devrait planter des semences

de lettres, des fleurs de mots, pour en faire un jardin de textes, de poèmes

et d'histoires.

A chaque fois qu'il voyait un mur vierge, une porte vierge ou une fenêtre

vierge, il devrait y planter des fleurs de peinture, de dessins, d'images, et

encore de lettres, pour en faire finalement un jardin de peinture, de

poésies, d'histoires, de contes.

A chaque fois, qu'il plantait une fleur de mots, son âme et son cœur

gagnaient une partie de la paix, mais aussi et surtout une partie de lui

s'évaporait

C'est ainsi qu'il finit par s'évaporer complètement.

Il laissa une trace

Une trace d'un millier de poèmes et plusieurs autres livres que nous vous

invitons aujourd'hui à découvrir.

© Kabirou OWOLABI

****

Version 12

il était une fois dans un village nommé Ecriture, un vent, pas

n'importe lequel, un vent frais. Ce vent frais était formé d'un

"air", un air un peu particulier. Un "air" appelé dans le langage

des mortels *inspiration*. Cet air était isolé comme un petit

nuage, comme une petite nuée au sommet de la plus grande

montagne du village.

Tout le monde essayait de gravir cette montagne mais en vain. ils essayaient nuit et jour, génération après génération de gravir cette immense montagne afin de respirer cet "air" si particulier, cet "air" si frais, mais personne, je dis bien mais personne n'y est jamais arrivée.

c'est ainsi qu'un jour un jeune homme perdu dans la forêt, cherchait en vain une voie qui lui permettrait de retrouver les siens. Dans la quête de cette voie, il se retrouva comme ça nez à nez avec le petit nuage dont tout le monde parlait tant. Tout cela comme s'il y avait un passage secret autre que celui que tout le monde connait. C'est ainsi, que le cœur de ce jeune homme tomba amoureux de cet air, Et cet air aussi tomba amoureux de son cœur. Cet air pour manifester son amour envers le jeune homme, se laissa respirer par lui. Ce jeune homme le respira mais ne l'expira plus. En effet, contrairement aux autres "airs" que les mortels respirent, cet air refusa de ressortir par le nez de ce jeune homme depuis ce jour.

Le jeune homme respira cet air et ne l'expira plus. Car, on dirait, cet air quand on le respire, apparemment on ne l'expire plus. Du moins on ne l expire pas par le nez.

ainsi le cœur de ce jeune homme et cet air passèrent le restant de leurs jours à vivre pleinement leur amour. Le fruit de leur amour au lieu de sortir par le nez ou par un autre endroit dédié aux fruits de l'amour, les leurs sortirent plus tôt par les doigts de celui-ci. Ils sortirent sous forme de vers, de poèmes que nous vous invitons à découvrir.

xxvii

© Kabirou OWOLABI

****

****

xxviii

Ce Petit livre

Est un compilé de plusieurs petits textes de

l'auteur, un compilé de plusieurs petits propos de

l'auteur sur tel ou tel sujet.

Pour l'auteur, le plus important n'est pas la

quantité de pages incluses dans un livre

Le plus important c'est plutôt la qualité de ce qui

est dedans, peu importe le nombre des pages.

©Kabirou OWOLABI

Je remercie tous ceux qui de près ou

de loin

Ont contribué à la réussite de ce livre.

Si je veux citer des noms, une page

d'un livre ne suffirait pas.

Merci!!!

Partie I Un petit pas de plus vers l'humanité :

Quel merveilleux monde

Quel merveilleux monde

Ils ont un ciel au-dessus de leur tête

Quel merveilleux monde

Ils ont un ciel qui leur apporte même la lumière

Quel merveilleux monde

Ils ont un ciel qui leur donne en plus de L'eau

Quel merveilleux monde

Ils ont un ciel qui leur donne aussi la neige

Quel merveilleux monde

Ils ont un ciel qui leur dessine l'arc en ciel

Quel merveilleux monde

Ils ont un ciel

Qui le jour, leur joue la musique à travers le chant des

oiseaux,

La nuit, à travers le bruit des étoiles

Quel merveilleux monde

La vérité cherche une voix pour l'exprimer[1]

La vérité cherche une voix pour l'exprimer

La vérité cherche une voix pour la chanter

---

[1] Texte écrit en l'honneur à Fela Kuti, l'un de ces nombreux héros persécutés pour leur courage et leur amour pour la vérité.

La vérité cherche une main pour l'écrire

Ceux qui avaient porté sa voix se sont faits tuer

ceux qui avaient porté sa voix se sont faits éliminer

ceux qui avaient porté sa voix se sont faits crucifier

La vérité cherche une voix pour l'exprimer

La vérité cherche une voix pour la chanter

La vérité cherche une main pour l'écrire

qui aura le courage de lui prêter sa voix

qui risquera sa vie pour que les autres entendent cette

vérité

qui sacrifiera sa vie pour que la lumière éclaire

La vérité cherche une voix pour l'exprimer

La vérité cherche une voix pour la chanter

La vérité cherche une main pour l'écrire

Dans le sang des héros

Mes mains plongent sous la terre et pénètrent dans le

sang de Che Guevara

Mes mains plongent sous la terre et pénètrent dans le

sang de Patrice Lumumba

Mes mains plongent sous la terre et pénètrent dans le

sang de Thomas Sankara

Mes mains plongent sous la terre et pénètrent dans le

sang de tous ces révolutionnaires partis très tôt

Dans le sang de tous ces héros partis trop tôt

Dans le sang de tous ces martyrs afin de leur prêter ma

voix

Afin de leur prêter ma vie, afin de leur prêter ce que

j'ai de plus cher, mon encre.

Que tous ces héros, que tous ces révolutionnaires se

saisissent de ma main,

Que tous ces héros, que tous ces révolutionnaires se

saisissent de mon encre

Je m'apprête à faire l'amour avec mon papier

Je m'apprête à accoucher un livre dans l'hôpital de

cette bibliothèque

Je m'apprête à accoucher des fruits éternels, des

prémices éternelles de cette future révolution.

JE VEUX JUSTE VIVRE

Je veux juste vivre

Mais cette histoire d'injustice veut me voler mon temps

Je veux juste vivre

Mais cette histoire de papier commence à me prendre

toute ma journée

Je veux juste vivre

Mais cette histoire de visa, de titre de séjour, de

formalités, de procédures

ouf, tout ça commence à bien me dépasser

Je veux juste vivre

mais je n'y arrive pas

Je veux juste vivre

J'ai quand même la volonté de vivre, vous comprenez

mais trop de frontières, trop de barrières, trop

d'interdits se dressent sur mon chemin

Je veux juste vivre

mais non, il y a toujours quelqu'un quelque part, pour

me rappeler que je suis un étranger

Je veux juste vivre

mais non, il y a toujours quelqu'un quelque part pour

me rappeler que je ne suis pas chez moi

[...]

or tout ce que je voulais

tout ce que je recherchais

ce n'était pas de m'emparer de quelque chose

tout ce que je voulais était juste très simple:

un endroit pour vivre en paix

un endroit pour vivre sa petite vie, mais apparemment

c'était trop demandé.

Toujours un regard quelque part pour me rappeler que

je suis différent des autres

J'ai essayé, oui j'ai parfois essayé de faire abstraction de

toutes ces choses

J'ai même essayé de rester concentrer sur ce que je fais

comme si de rien n'était

J'ai beau faire semblant de ne rien voir ou de ne rien

entendre

mais non ce n'était pas possible

Tantôt un attentat, et c'est vers ma communauté que

tous les regards sont tournés

tantôt un vol, un braquage et c'est vers ma

communauté que toutes les enquêtes sont dirigées

mon père se fait plaquer contre le mur devant moi

pour une raison que ni lui ni moi ne saurions peut-être

jamais

ma mère se fait fouiller à chaque fois qu'on sort du

centre commercial

et moi je suis là à attendre que le vigil ait fini de

chercher ce qu'il veut dans ses affaires

Je veux juste vivre

nous voulons juste vivre

dites-nous où on peut vivre cette petite vie?

Dites-nous le nom du quartier et nous déménagerons

vers lui

Dites-nous le nom de la ville et aussi lointaine qu'elle

soit, nous marcherons vers elle s'il le faut

Car nous tenons vraiment à vivre

dites-nous où on peut se sentir à sa place

dites-nous où on peut se sentir bien accueilli et non

rejeté

dites-nous où les regards manifesteront la joie et non

une déception de nous voir arriver

dites-nous où on peut JUSTE VIVRE

La chute des murs

9 novembre 1989

9 novembre 2020

En ce jour où le monde commémore la chute du mur

de Berlin

Il est temps aussi que chutent

Les murs de Couleurs de peau

Il est temps aussi que chutent

Les murs de religion

Il est temps aussi que chutent les murs de classe sociale

Il est temps aussi que chutent les murs qui divisent

notre humanité

Lève-toi et continue le combat

Dieu travaille à travers les anges

Les anges travaillent à travers toi

Alors toi, pourquoi as-tu cessé d'agir ?

Relève-toi vite et continue le combat.

Ton combat, ce combat que tu négliges tant

Les autres ont besoin de ça pour sortir de leur situation

Ne néglige pas ton combat aussi petit soit-il

Ne néglige pas ce que tu as sous ta main, aussi petit soit-il

Le monde a besoin de toi, la justice a besoin de toi, la vérité a besoin

de toi, la justice cherche quelqu'un à recruter, la vérité cherche

quelqu'un avec qui travailler ; ne leur résiste pas, ne leur tiens pas

tête,

Laisse-toi emporter par elles, laisse-toi emporter par elles

Le monde comme il va

<<Je ne sais pas comment les **rop*ens ont convaincu les ** *icains
que le mariage polygame est un mal mais que les g*y* et l*sbie**es
sont un droit humain>>. Julius MALEMA

Telle chose est autorisée ici, la même chose est une abomination
ailleurs...à l'heure de la mondialisation où chacun sait à peu près ce
qui se passe chez l'autre, au lieu d'une lumière qui nous éclaire tous,
il ne reste malheureusement que la confusion en partage dans le
cœur des frères et sœurs de notre chère humanité. Mais comme si
cela ne suffisait pas, chacun essaye encore de tirer la ficelle de vérité
dans sa direction et il n'y a qu'une toute petite poignée de minorité

qui arrive à franchir la frontière du communautarisme, la frontière de la religion, la frontière de la race, la frontière des nationalités, pour arriver à lever sa tête plus haut, plus haut que les autres, pour pouvoir voir enfin objectivement ce qui se passe réellement sur cette terre.

Mondialisation ou uni latéralisation

[...] Ainsi les gens de la partie A condamnent telle ou telle pratique chez les gens de la partie B. Les gens de la partie B aussi se moquent de telle ou telle pratique chez les gens de la partie A. Cela aurait été bien s'il s'agissait seulement de se moquer de telle ou telle pratique chez l'autre, mais, malheureusement, la donne a changé, les gens de telle partie mettent la pression pour que les gens de telle autre partie légalisent ceci ou cela au sein de leur communauté. Et ils ne le font pas directement, ils passent par les institutions établies pour inviter le reste du monde à se conformer aux changements culturels qui normalement sont intrinsèques à une seule partie.

Ainsi petit à petit, la coopération entre parties se métamorphose, et rapports de force obligent, une des parties se constitue en donneurs de leçon pour l'autre. Et qui dit « donneurs de leçon » n'est pas très loin de dire : « dictature invisible, dictature inoffensive ».

Malheureusement, le temps passe, et la coopération, le dialogue, la communication qui sont censés être le partage des deux parties en vue d'un monde meilleur, disparaissent peu à peu au profit d'une seule partie (une certaine minorité) qui se croit plus intelligente que les autres. Plus intelligente au point d'imposer indirectement à l'autre ce que lui, il juge être bien ou pas. Les donneurs de leçon sont les premiers à prétendre aimer ce monde, les premiers à prétendre se battre jour et nuit pour le bonheur de ce monde, mais la vérité est qu'ils n'acceptent pas réellement ce monde comme il est, ou bref, la vérité est qu'ils n'acceptent pas réellement les gens qui y vivent dedans comme ils sont. Ils ne laissent pas ce monde être lui-même, ils ne laissent pas ce monde avoir sa propre identité, c'est-à-dire une identité pleine de diversités, de couleurs, de contrastes, bref une identité. Ainsi, ils sont prêts à tout pour lui imposer une seule image, (une image qui reflète plus leurs propres aspirations) ainsi si tous ces maquillages et tous ces produits de beauté ne suffisent plus pour transformer la beauté de ce monde, eux, ils sont prêts à lui faire peu importe combien ça coute, une chirurgie esthétique. Et pour arriver à cette fin, ils viennent à vous d'une manière inoffensive, d'une manière subtile, d'une manière indirecte. Ils passent par votre système éducatif, par votre système politique, par votre système religieux, par votre cinéma, par vos médias, par vos grandes institutions, pour imposer d'une manière indirecte au reste du monde entier leur façon de voir la vie.

[...] Ainsi, ils demandent aux gens de se réjouir pour ce soi-disant village planétaire qu'ils ont inventé, car leurs ancêtres n'avaient pas eu cette occasion. Mais la réalité dans ce village planétaire, c'est que tous les autres sont invités à se plier aux cultures et aux mœurs de celui ou celle qui l'a créé (ou de celui ou celle qui y règne).

[...] Ainsi par exemple, les autres (la majorité la plupart du temps pauvre économiquement bien sûr) sont indirectement invités à se conformer à une langue, à une culture, à une pensée, à une idéologie et aujourd'hui à une technologie, bref à un mode de vie.

Ainsi ceux qui règnent sur ce village planétaire ont des langues, les autres ont des dialectes. Celui qui parle deux langues de ceux qui règnent sur ce village planétaire est qualifié de bilingue mais celui qui parle deux langues (voire même plus) de telle autre partie du monde n'a simplement pas de place dans cette classification.

Ceux qui règnent sur ce village ont des cultures appelées civilisations modernes, des cultures auxquelles les autres sont vivement encouragés à s'y conformer, (du moins s'ils veulent se faire accepter par eux dans ce monde).

[...] Ainsi les endroits où on vend ceux dont se nourrit (par exemple) la partie A, sont appelés grandes surfaces alimentaires, surfaces modernes, la tendance du moment, bref la normale, mais les endroits où on vend ce qui ne relève pas de leur nourriture habituelle sont appelés des magasins exotiques, des épiceries. Et pourtant dans ces magasins soi-disant exotiques, il y a aussi énormément de gens qui y vont, il y a aussi énormément de choses dont on peut se nourrir et vivre bien et même parfois mieux que ce qui se vend dans ces grandes surfaces.

[...] La réalité de ce village planétaire, c'est qu'il est construit pour une partie du monde ; le reste, c'est-à-dire la majorité est simplement invitée à s'y conformer. L'autre réalité de ce village planétaire, c'est qu'il est construit sur les bases économiques et non sur des bases humanitaires, sociales (c'est à dire sur ce qui fait l'essentiel, le pouvoir d'un vivre ensemble).

[...] Ainsi quand les soldats de la partie A, quittent leur territoire pour aller tuer des innocents dans un autre endroit, c'est souvent au nom de la paix, de la démocratie et des droits de l'homme. Depuis quand on bombarde des milliers de personnes pour sauver une démocratie ou pour instaurer un droit de l'homme ? Depuis quand on bombarde un seul pays parce qu'on veut tuer un seul homme de ce pays ? Depuis quand on bombarde tout un village pour sauver un des nôtres (un des leurs) ? Eh bien, dans ce village planétaire c'est vraiment possible. Difficile de dire comment on en est arrivé là, mais le système a réussi à fonctionner ainsi pendant plus d'un siècle. Mais quand les mêmes personnes de la partie B quittent leur territoire pour tuer des innocents chez les gens de la partie A, alors là, tout est foutu, le monde est en danger, la sécurité de ce monde doit être renforcée, alors là, il y'a attentat, il y'a terrorisme, il y'a communautarisme, il y a ceci, il y a cela. L'étranger chez eux est coupable, sa religion est pointée du doigt etc... la fin du monde approche, pourquoi ? parce qu'on a touché aux intérêts de la partie A, le petit paysan dans son village doit être inquiété, angoissé, parce qu'il y a un individu qui a fait ceci ou cela à la télévision.

L'objectif ici n'est ni d'encourager le meurtre, ni d'encourager l'injustice, ni d'encourager la division car ce monde est déjà assez divisé, ce monde est déjà assez meurtri, assez injuste. L'objectif ici est plutôt d'exposer cette hypocrisie, ce double poids de mesure, cette partialité de la justice, ce mensonge dans lequel la plupart des médias essayent de nous maintenir enfermés.

Comme un habit que quelqu'un commande sur mesure chez un tailleur, cette mondialisation va très bien à ceux qui l'ont créé, à ceux qui en profitent. Au milieu d'elle, Il n'y a de justice que la loi du plus fort, au milieu d'elle, il n'y a de justice que la loi du plus riche, riche oui la plupart du temps économiquement ou militairement. Ils ont réussi à convaincre la population de cette évidence, mais le poids de leur injustice, devient tellement pesant que même un aveugle est capable de la voir dans la plus ténébreuse des nuits. Le poids de leur injustice devient tellement lourd que cela ne pourrait plus simplement durer longtemps. Il n'y a à proprement parler pas de justice désintéressée, pas de justice impartiale, pas d'équité, ils appliquent les choses quand ils veulent ou surtout quand cela les arrange.

[...] on vit dans un monde où les plus forts font ce qu'ils veulent, les institutions internationales n'existent que pour endormir les plus faibles. Les plus forts n'ont de compte à rendre à personne (encore moins aux organismes internationaux), ils décident de qui règne ou pas sur telle partie ou telle autre partie du monde. Et si jamais, ils changent d'avis, ils peuvent à tout moment décider de remplacer tel roi, tel dirigeant dans telle ou telle partie du monde. Ils peuvent quitter leur territoire et venir tuer ton mari, ton frère, ton enfant parce qu'ils estiment que ses idées ne vont pas dans leur intérêt. Tu ne peux ni les poursuivre en justice, ni te plaindre, ni faire quoi que ce soit car la justice est entre leurs mains. Cette démocratie dont tu as entendu parler à la télé ou à la radio, elle existe seulement pour ceux ou celles qui pensent comme ils veulent qu'ils pensent. Ils ont instauré un système de pensée, un système de vie, celui ou celle qui refuse de se plier à cette vague *d'unilatéralisation* du monde, est simplement pointé du doigt sur toutes les plateformes médiatiques.

Si un citoyen de la partie A commet un attentat, c'est qu'il a des problèmes psychologiques, c'est qu'il a été victime de radicalisation.

Si un citoyen de la partie B fait la même chose, il est tué avant même que tu n'entendes parler à la télé ou à la radio. Comme si cela ne suffisait pas, on poursuivra après en plus de la mort de ce dernier sa religion, ses amis proches, son entourage etc...

La mondialisation, la mondialisation devrait signifier un village planétaire, une famille planétaire où l'on accepte la différence de l'autre, où l'on communique régulièrement afin de ne pas laisser place aux imaginations, aux préjugés, aux idées reçues, aux stéréotypes. La mondialisation devrait être comme une famille, une famille dans laquelle tout le monde s'intéresse à tout le monde non pas pour ce que l'autre a sous son sol (ses matières premières), non pas pour les intérêts économiques que l'autre peut nous apporter, mais juste parce que c'est notre prochain, juste parce qu'on se respecte, juste parce qu'on s'aime, pour ce qu'on est réellement et non pas pour ce que on peut apporter à l'autre.

Les grandes villes où plusieurs nationalités se croisent devraient être des endroits les plus riches de la terre (en civilisation, en idéologies, en culture), car on a la chance d'avoir plusieurs civilisations, plusieurs façons de voir la vie, plusieurs différentes idées, tout ça réunit au même endroit. Mais non, malheureusement cela ne se passe pas comme ça. On entend plutôt des larmes, des pleurs, des rejets, telle est rejetée pour sa couleur de peau, telle autre pour sa religion, telle autre pour ses origines, telle autre pour sa nationalité...
Pourquoi cela devrait-il être ainsi ? Pourquoi quelqu'un d'un coin du monde ne peut pas se sentir chez lui, chez l'autre dans l'autre coin du monde ?

Le monde comme il va actuellement, nous invite chacun à rentrer chez lui, chacun à rentrer dans son village, chacun dans son pays d'origine et ceci n'est qu'un échec du vivre ensemble donc un échec du village planétaire, un échec de la mondialisation.

[...] La partie A s'est levée pour dénoncer une pratique qu'ils appellent « l'excision ». Elle est considérée comme une mutilation sexuelle ou mutilation génitale chez un genre humain. Cette dénonciation ou cette condamnation est tout de même la bienvenue.

Seulement, au sein de cette même communauté internationale, on retrouve des pratiques qui sont loin d'être certes une ablation de la partie génitale, mais qui s'y rapprochent tout de même.

Ainsi d'une manière volontaire, sans aucune obligation parentale, tel genre humain s'adonne à des pratiques sur des endroits de leur corps. Des pratiques qui on peut dire méritent également d'être dénoncées. Mais force est de constater que cela n'est pas considéré comme une mutilation, bien au contraire, cela est considéré comme de l'art, comme de la mode, ou bref... comme le nom que vous voulez.

Le monde comme il va, chacun veut donner ses leçons à l'autre, chacun veut ôter la paille dans l'œil de l'autre en oubliant l'outre qu'il a dans son propre œil. (Le monde comme il va)

L'objectif ici n'est pas de dire ce qui est juste ou ce qui devrait l'être. Mais juste d'essayer de dresser un petit tableau qui reflète le mieux que possible notre monde comme il va. On estime qu'il y a déjà assez de confusion comme ça dans ce monde, qu'il vaut mieux ne pas en ajouter plus.

L'histoire des découvertes de territoires

Les gens vivent tranquillement chez eux, comme tous les autres peuples d'ailleurs sur terre. Ils vivent tranquillement chez eux depuis des années, des siècles voire des millénaires. Ils vivent chez eux en paix, en harmonie, dans l'amour, le respect de l'autre. Ils ne cherchent pas à dominer, ils ne cherchent pas à asservir, ils ne cherchent pas à être les maitres du monde, ils vivaient c'est tout bref, ils vivaient heureux jusqu'à ce qu'un certain monsieur débarque avec son vieux bateau sur leur côte. Ils accueillirent avec joie ce monsieur, partagèrent avec lui leurs plus beaux repas, le logèrent correctement dans leurs plus beaux hôtels, lui faisaient découvrir leur territoire, ils lui racontèrent leur histoire, leur culture, ils étaient tellement contents de découvrir quelqu'un de différent d'eux au point qu'ils lui donnèrent une de leurs vierges. Bref, ils étaient envers ce monsieur très hospitaliers. Mais quand cet homme eut fini de gouter à tous les délices du territoire, pour que les siens ne s'inquiétèrent pas pour lui, il décida de retourner vers eux. Et ses nouveaux amis le laissèrent partir en paix, ils mettaient dans son embarquement beaucoup de cadeaux et de fruits du pays afin qu'il ait assez de quoi se nourrir durant son temps de trajet. Un temps, deux temps, trois temps, le monsieur arriva finalement à bon port. Il arriva finalement auprès des siens, mais malheureusement quand il raconta son aventure aux siens, il ne leur parla pas de ceux qu'il venait de connaitre, il ne parla pas de ces derniers avec amour, il ne leur parla pas de ses nouveaux amis dans un même esprit c'est-à-dire un esprit d'égalité, d'équité, de respect bref d'humanité. Il s'en va plutôt leur raconter qu'il a découvert un nouveau territoire. Oui ce que notre monsieur a retenu de sa petite aventure, ce n'est pas des gens avec qui, il pourrait être de bons amis, ce n'est pas des gens avec qui, il pouvait nouer de nouvelles relations d'amitié, de partage, de dialogue, d'amour, de fraternité, d'humanité. Ce n'est pas des gens de qui, il avait une chance d'apprendre mutuellement les uns des autres, non ce n'est pas ce qu'il retint finalement de son aventure. Ce qu'il retint finalement c'est plutôt un territoire, oui un territoire avec de potentielles ressources naturelles, un territoire avec de potentielles matières premières, un territoire avec de potentielles richesses au sous-sol, un territoire plein de pétrole, un territoire plein d'or, un territoire plein de diamant, un territoire plein de ressources à exploiter et non de ressources à protéger, et non de ressources à entretenir. Un territoire à conquérir s'il le faut, un territoire à dominer s'il le faut, un territoire dont il faut s'emparer à tout prix s'il le faut. Oui effectivement c'est tout ce qu'il retint finalement. Il fêta ainsi plusieurs jours, avec les siens sa nouvelle découverte, oui sa nouvelle découverte comme si le territoire n'appartenait pas déjà à des gens, oui comme si le territoire n'était pas déjà habité par des gens, oui et même si pour eux, ce n'était pas des gens, tant qu'ils n'avaient pas leur couleur de peau, ils n'étaient pas des gens pour eux, tant qu'ils n'avaient pas leur chevelure, ils n'étaient pas des humains pour eux, tant qu'ils ne parlaient pas leur langue, ils n'étaient pas des humains pour eux, tant que ces gens ont quelque chose dont ils ont besoin, ils n'étaient plus des humains pour eux. Ainsi, il n'arrêta pas de mentionner le mot « découverte » comme si les gens qui peuplaient ce territoire étaient des objets égarés, comme si des gens-là étaient des objets perdus, des objets oui et non pas des humains, des objets perdus qui appartiendront à qui les retrouve en premier. C'est ce mode de pensée qui expliqua cet engouement de joie pour la découverte de ce nouveau territoire. La suite de l'histoire ne viendra que confirmer encore plus cette thèse.

En répétant ici et là qu'il venait de découvrir un nouveau territoire, il passait un message à ceux qui sont comme lui dans son groupe, il sous entendait indirectement en être le futur propriétaire, ou du moins sa nation en est la future propriétaire.

[...] Le jour *J* venu, les siens envoyèrent des explorateurs afin d'infirmer ou de confirmer lesdites informations. Quant au Monsieur, il continua son expédition ailleurs dans le but encore une fois de découvrir de nouveaux territoires. Après que les explorateurs eurent fini leur mission, stratégie au point, les siens vinrent pacifiquement comme des agneaux, ils viennent avec ce qu'ils peuvent pour séduire la future conquête, ils vinrent pour gagner la confiance et ensuite mettre au point discrètement leur projet. Ils viennent avec leurs missionnaires afin de préparer les esprits, les esprits de ceux qui bientôt vont tomber sous leur domination. Quand ils remarquèrent que leur projet prenait plus de temps que prévu, quand ils remarquèrent que le peuple commença par manifester quelques réticences à leur égard, quand ils découvrirent qu'ils seront perdants si jamais, ils signaient des accords d'égal à égal avec ce peuple, ils choisirent ainsi la voie de la facilité : « la loi du plus fort ô non du plus lâche je voulais dire » (celui qui facilement pour un oui ou pour un non brandit son arme). Ils imposèrent leur nom au territoire au lieu de chercher à connaitre le vrai nom du territoire, ils imposèrent leur langue au territoire au lieu de chercher à parler la langue locale, ils imposèrent leur culture au lieu de chercher à découvrir la culture locale, ils imposèrent leur religion au lieu de chercher à découvrir la religion locale. Ils imposèrent leurs livres dans les écoles, ils enseignaient au peuple l'histoire qu'ils ont pris soin de réécrire à leur avantage ou à leur goût. Et quand ils virent que le peuple manifestait toujours de l'hostilité, ils déployèrent la manière forte, ils revinrent avec une armée, combattirent le peuple qui vivait en paix, qui vivait en harmonie jusque-là, ils le combattirent avec les fusils à canon, avec des lances roquettes un peuple qui n'avait que son couteau de cuisine, son bâton de berger, sa flèche de chasse. Ils tuèrent ceux qu'ils pouvaient tuer, ils réduisent en esclavage les plus forts physiquement, et gardèrent ceux qu'ils voulurent afin de faire tourner leur machine économique.

[...] Et de nos jours, on continua à célébrer ce jour où tel monsieur découvra tel territoire, un jour qui marqua le début du malheur de celui qui est découvert, ce jour qui marqua le début du pillage de celui qui est découvert, le début de l'esclavage de celui qui est découvert, mais aussi le jour de la prospérité de celui qui découvre. Et comme par hasard, peu de temps après, c'est eux qui se feront appeler des puissances économiques, et c'est le peuple exploité qu'on appellera les pays du tiers monde. Tout ça comme si leurs ancêtres étaient des objets perdus, des objets égarés qui appartiennent désormais au premier à les retrouver. Tout ça comme si une partie de la terre faisait d'office partie de la terre, tandis que les autres parties, il faut que des gens aillent les découvrir avant qu'il ne soit digne d'être classé comme faisant partie de la cartographie de la terre. Et si ce n'était que pour les inscrire sur la carte, ce serait bien, mais l'histoire nous dit la vérité sur la vraie raison, sur les vrais motifs, sur les vraies motivations.

[...] Aujourd'hui au cours des examens scolaires, universitaires, ou simplement au cours de leurs échanges, quelqu'un qui n'est pas capable de citer le nom du monsieur qui les a découvert est simplement traité d'illettré. Ils imposèrent au peuple qui a connu la souffrance de commémorer le jour où ce monsieur découvra leur territoire.

[...] Oui ce monde commémore les découvertes de territoire, tout le monde est chez lui. Mais il y a une partie de ce « tout le monde-là », quand eux, ils viennent te voir, ils s'en vont dire à toute la terre que c'est eux qui t'on découvert. Comme si tu étais un objet perdu et recherché. Tu te dis parfois comment ce genre de choses est-il si important pour eux. Et bien simplement parce que pour eux celui qui le premier te trouve devient ton maitre. C'est ainsi qu'ils se partagèrent ce monde entre eux.

Voilà l'histoire cachée derrière les découvertes.

Partout où ils sont passés, partout où ils ont soi-disant découverts, ils ont maltraité, tué, violé les propriétaires terriens. Ils ont repeuplé le territoire, et appelèrent ceux qui y vivaient « les indigènes ». Voilà la réalité de ce monde…et là maintenant qu'ils ont réussi à mettre leur pied dans l'espace, on espère seulement que l'espace ne connaitra pas le même sort.

Ce que nous mêmes, nous avons fait !!![2]

Nous-mêmes,

sans l'aide d'aucune autre personne

nous avons tué ceux d'entre nous qui voulaient nous aider à nous

libérer

Nous-mêmes,

sans l'aide d'aucune autre personne

nous avons tué ceux d'entre nous qui voulaient nous aider à nous

affranchir

Nous-mêmes

sans l'aide d'aucune autre personne

nous avons tué des gens, des frères, des sœurs, qui ne voulaient

qu'une seule chose: notre libération, notre salut

Et depuis,

---

[2] Hymne national des opprimés

Et depuis,

Nous sommes devenus les esclaves des autres

Et depuis,

Et depuis,

Nous sommes devenus un peuple sans repère,

car tout repère, même le plus petit qu'il soit, a été gommé, rayé,

effacé l'un après l'autre,

jusqu'à ce qu'il n'y ait plus de trace.

Et depuis,

Nous sommes devenus des marginalisés un peu partout dans le

monde

Pourquoi ?

car ceux d'entre nous qui avaient voulu nous aider

car ceux d'entre nous qui avaient voulu nous libérer

car ceux d'entre nous qui avaient voulu nous délivrer

au lieu de les soutenir dans leur combat,

au lieu de les aider dans leur effort,

Nous avions toujours et toujours trouvé quelque chose à leur

reprocher

Nous avions toujours et toujours trouvé un moyen de les rejeter, de

les discréditer,

un moyen de les faire redescendre au sol si possible au sous-sol,

et d'ailleurs, à chaque fois que cela nous est possible, un moyen de

les éliminer tout simplement.

Tout ça pourquoi ?

A cause de l'argent, à cause du pouvoir, ou à cause d'une simple

jalousie ou une simple rivalité

Et aujourd'hui,

je dis bien aujourd'hui,

Nous nous retrouvons à être esclaves d'un étranger

Nous nous retrouvons à nous faire piétiner ici et là

Tout ceci pourquoi ?

tout ceci parce que nous avons refusé de collaborer avec nos propres

frères,

tout ceci parce que nous avons refusé d'être dirigé par nos propres

frères

C'est ainsi

Oui c'est ainsi que nous avons entrainé notre famille, notre village,

notre nation

et même toute notre génération entière, toute notre population

entière dans cet abime d'esclavage sans fin...

et comme il n'est jamais trop tard

il y a encore de l'espoir pour nous

de l'espoir, si seulement aujourd'hui,

nous pourrions être conscients déjà de cette injustice

de l'espoir, si seulement aujourd'hui,

nous pourrions laisser nos égos, nos différences de côté,

de l'espoir, si seulement aujourd'hui

nous pourrions nous attacher l'un et l'autre avec cette corde

d'amour,

de l'espoir, si seulement aujourd'hui

nous pourrions constituer une solidarité sans faille,

de l'espoir, si seulement aujourd'hui

nous pourrions nous entraider, commencer par partager ce peu

qu'on a dans nos mains entre nous

de l'espoir, si seulement aujourd'hui

nous pourrions éliminer les traitres au milieu de nous.

ces traitres qui nous ont livré à la captivité

ces traitres qui nous ont vendu par amour pour le pouvoir, par

amour pour l'argent ou juste par simple jalousie

ces traitres qui font tomber tout ce qui essaye de se relever au milieu

de nous

ces traitres qui nous disent des mensonges et qui nous conduisent

dans la voie de l'égarement

si seulement

nous pourrions éliminer ces traitres et surtout les maux qui les

fabriquent

et ainsi,

ainsi nous aurions fait un pas

pas n'importe lequel, un grand pas dans la marche vers notre salut

et ainsi,

nous pourrions enseigner au reste de l'humanité qu'une couleur de

peau n'est pas synonyme d'un surhomme

qu'une couleur de peau n'est pas synonyme d'un sous homme.

nous pourrions enseigner au reste de l'humanité qu'une couleur de

peau n'est pas plus grande qu'une autre.

nous pourrions enseigner à l'humanité que personne ne doit mourir

juste à cause de sa couleur de peau

que personne ne doit être poursuivie par la police à cause de sa

couleur de peau

que personne ne doit réviser ses rêves à la baisse, juste à cause de sa

couleur de peau

que tout le monde est égal peu importe sa couleur de peau,

peu importe ses origines, sa nationalité, sa langue, son nom, son

accent, son handicap

LETTRE A UN AFRICAIN

Si l'Europe, l'Amérique et les autres pays ont réussi à se développer

C'est quelque part, parce qu'ils ont su aussi comment faire travailler

tout le monde.

je veux dire par là, comment faire travailler toutes les couches de la

société, particulièrement la jeunesse, les handicapés, les prisonniers,

l'étranger au milieu d'eux et surtout, je dis bien et surtout la gente

féminine.

Dans nos pays, cela fait de cela, des années voire des siècles que la

gente masculine essaye à elle toute seule de porter le fardeau

économique ou du moins de porter à elle toute seule la

responsabilité entière de la famille,

Cela fait de cela des années voire des siècles que la gente masculine

essaye à elle toute seule de faire avancer tout un village et parfois

même toute une nation.

de nombreuses statistiques aujourd'hui, ont confirmé que les

hommes meurent plus tôt que les femmes,

simple coïncidence ou pas, personne ne peut le confirmer.

mais l'une des nombreuses raisons liées à ce décès précoce,

l'une des nombreuses raisons liées à ce départ prématuré

n'est parfois rien d'autres que tous ses efforts accumulés qui pèsent

sur les épaules de l'homme.

Tous ces sacrifices

toutes ces peines au quotidien et surtout toute cette pression de

responsable, de pourvoyeur, bref tout ce stress qui le tue à petit feu

sans que lui-même s'en rende compte,

tout ce stress qui le tue à petit feu dans ce rôle parfois trop large ou

trop important pour ses seules petites épaules.

Au lieu que les hommes partent plus tôt et laissent derrière eux un
héritage,
au lieu que les hommes partent plus tôt et laissent derrière eux,
une femme veuve condamnée désormais à se battre,
à se battre pour faire ce que l'homme jusque-là, lui empêchait de
faire,
à se battre pourquoi ?
A se battre afin de pouvoir se nourrir
ou du moins, à se battre afin de pouvoir nourrir sa petite famille,
et,
et pour après partir elle aussi,
partir elle à son tour
partir non pas plus tard mais aussi plus tôt également,
car trop de stress, trop de pressions, trop de responsabilités
accumulées
Au lieu que la femme veuve aussi parte après et laisse cet enfant
désormais orphelin,
Au lieu que la femme veuve parte aussi plus tôt et condamne ce
jeune homme ou cette jeune fille à se battre jour et nuit pour joindre
les deux bouts
Pourquoi ne pas simplement en amont, vivre plus longtemps
ensemble,
Pourquoi ne pas simplement en amont, essayer de partager les rôles,
essayer de partager les différentes tâches ou simplement essayer de
travailler ensemble
Oui travailler juste ensemble
Inclure l'autre dans le projet peu importe lequel,
lui donner la voix, l'opportunité de s'exprimer, de se sentir concerné

ainsi l'erreur qui échappera à l'un, n'échappera peut-être pas à

l'autre

ainsi l'oubli qui s'emparera de l'un, ne s'emparera peut-être pas de

l'autre

[...]

tout ce que j'essaye de dire ici

c'est que dans cette démarche vers le développement,

dans cette démarche vers l'amélioration de nos conditions de vie

dans cette démarche vers l'indépendance

c'est plus simple d'y aller ensemble, que d'y aller seul

c'est plus simple d'y aller en famille, que d'y aller tout seul

c'est plus simple d'y aller en nation entière, que d'y aller tout seul

et quand je dis tout seul, je fais parfois référence à la gente

masculine.

je fais parfois référence aux décisionnaires,

je fais parfois référence à ceux qui s'enferment dans des bureaux

sans consulter les autres, mais qui prennent des décisions qui vont

s'appliquer à ces dernières

il est temps que nous travaillons tous ensemble

il est temps que nous travaillons avec nos sœurs, avec notre jeunesse,

avec les personnes handicapées, avec l'étranger au milieu de nous, et

même avec les prisonniers.

Chacun a son rôle à jouer, chacun a sa pierre à nous apporter.

Aussi petit soit-il, aussi peu soit-il, aussi insignifiant soit-il

notre nation, notre monde a besoin de tout le monde

[...]

Et si je peux me permettre d'ajouter ceci, j'ajouterai en disant que :

La femme a des capacités que parfois nous les hommes n'en avont

pas

La femme peut faire plusieurs choses à la fois

La femme a une facilité de concentration.

Si nous réduisons la gente féminine seulement à ce qui se passe dans

les clips vidéo

Si nous réduisons seulement nos filles, nos femmes, nos mères

seulement au travail du marché

On aura du mal à aller loin

Et si jamais, on arrive à aller loin

On serait peut-être soit mort soit vivant mais avec tellement de

séquelles ou de maladies au point que nous ne pourrions pas profiter

comme cela se doit des fruits de nos efforts.

Pour une Société paisible

Il faudra pour nous, un développement qui intègre tout le monde, la

jeunesse, la femme, le handicapé, l'étranger au milieu de nous, le

refugié

Chacun

je dis bien chacun a une pierre à nous apporter.

Ne sous estimons pas ce que l'autre peut nous apporter

Et nous verrons

nous verrons que ce développement ou ce chemin vers le bonheur

c'est à dire vers l'amélioration de nos conditions de vie,

sera tout à coup plus facile que prévu

plus facile à atteindre

avec moins de conséquences négatives sur la société, sur la santé, sur

l'environnement

car tout le monde,

je dis bien tout le monde se sentirait concerné dès l'origine

Rien a changé à part les noms

Il n'y a pas à proprement parler de puissance économique

Il n'y a pas à proprement parler de puissance mondiale

Si on jette un coup d'œil dans l'histoire

Si on essaye de lever un peu le voile sur quelques petites choses On se rend compte de la réalité souvent sale cachée derrière cette soi-disant civilisation moderne.

On y retrouve après avoir levé le voile, des impérialistes, des marchands d'armes, des créateurs de trouble, des colons, des dictateurs déguisés, des voleurs, des tricheurs, des escrocs, des arnaqueurs, bref des exploitants, des commerçants qui se sont enrichis sur le dos des autres qu'ils considèrent aujourd'hui comme pauvres ou sous-développés.

Ou bien si vous voulez, quelle coïncidence ? quelle coïncidence que ce soient ceux qui ont gagné les dernières guerres qui dominent aujourd'hui en temps de paix. Quelle coïncidence que ce soient ceux qui étaient les maitres d'esclaves soient encore aujourd'hui des maitres du monde. Quelle coïncidence que ce soient les mêmes qui étaient hier des esclaves soient encore aujourd'hui désignés comme pays pauvres ou sous-développés. Quelle coïncidence qu'après avoir mis fin à l'esclavage, on doit faire face à la colonisation, après avoir mis fin à la colonisation, on doit faire face à la mondialisation. Et encore durant toutes ces étapes, c'est les mêmes personnes qui en tirent profit plus que d'autres. C'est les mêmes personnes qui s'enrichissent sur le dos des autres.

Mais malheureusement, quand on désigne des pays pauvres ou sous-développés, on oublie ceux qui les pillent, ceux qui les exploitent, ceux qui sèment en eux le trouble, la division. Si on s'en tient uniquement aux positions de ces deux types de personne, on se rend compte très rapidement que le nom qui les identifie a certes changé, mais les positions n'ont jamais changé. Celui qui était en bas, est toujours en bas. Celui qui était en haut est encore en haut. Celui qui était en bas, hier on l'appelait « esclave », « colonisé », aujourd'hui on l'appelle « pays sous-développés », « pays pauvres ». Celui qui était en haut, hier on l'appelait « maitre d'esclave », « colon », « voleur », « dominateur », aujourd'hui on l'appelle « puissance économique », « pays développés ». Il n'y a que les noms qui les identifient qui ont changé au cours de l'histoire, sinon, dans leur position stratégique, presque pas grand-chose n'a vraiment changé.

L'Afrique disparait[3]

[…] La propreté

Tant que le sol africain sera sale, tant que la terre africaine ne sera pas entretenue, tant que les égouts des routes africaines seront ignorés, tant que la déchetterie sera perçue comme un sous métier, tant que les bonnes dames qui balayent la rue ne seront pas reconnues ou valorisées, tant que le paysage africain ne sera pas entretenu, peu importe le montant des habits, peu importe la valeur des chaussures dont nous nous couvrons, peu importe le montant des bijoux, des colliers, des bracelets, ou même des faux cheveux dont nous nous enveloppons, l'insalubrité de notre chambre, de notre maison, de notre quartier bref l'insalubrité de notre

---

[3] Écrit lors de mons séjour à *l'hotel dome dore* dans un pays de l'Afrique de l'Ouest

environnement, je veux dire de cet environnement dont nous sommes issus, de cet environnement dans lequel nous vivons, cette insalubrité nous suivra partout, en Europe, aux USA, en Asie, pour ne citer que ces destinations, cette insalubrité nous suivra toujours, elle nous suivra jusqu'au dehors, elle nous suivra jusqu'aux quatre coins du monde.

[...] Mais par contre si nous prenons soin de notre petite chambre, si nous prenons soin de notre petite maison, de notre petit quartier, bref de la terre africaine que nous avons eu la chance d'hériter, si nous prenons soin du sol africain, bref du paysage ou de la nature africaine ; nous n'aurions plus besoin de porter des vêtements valant une fortune avant de nous sentir valorisé, nous n'aurions plus besoin de porter des chaussures de marque valant une fortune avant de nous sentir beaux ou valorisés, nous n'aurions plus besoin de nous endetter pour s'acheter des voitures de luxe avant de nous sentir heureux. Quand nous aurions pris soin de notre chambre, de notre maison, de notre quartier, bref de la terre africaine, un simple t-shirt sur notre corps, un simple short en dessous nous rendra tellement beau et agréable à voir. Nous serons plus beaux que quand nous portions tous ces habits qui nous reviennent trop chers parfois. Nous serions plus beaux car n'est-ce pas ce que nous recherchons peut-être en s'habillant plus cher ? Voilà que maintenant en prenant soin de notre environnement, de notre paysage, de notre maison, de notre quartier, nous sommes désormais plus beaux. Plus beaux car nous sommes devenus comme une petite fleur plantée au milieu d'un jardin d'Eden. Et tout ce qui se trouve dans un paradis est beau, non pas parce que la chose en elle-même est belle, mais surtout parce que la chose est ou vit dans un environnement très beau, magnifique, merveilleux... et nous, nous avons finalement compris que prendre soin du paysage qui nous entoure, prendre soin de l'environnement dans lequel nous vivons est la meilleure façon de prendre soin de nous également.

[...]

la terre en général, la terre africaine en particulier, il faut y prendre soin. Il faut y planter des arbres, des fleurs. Il faut trouver un équilibre entre développement et environnement, un équilibre entre la nature et nous. Il faut entourer nos maisons de fleurs, d'arbres, de jardins, oui il y a assez de place pour le faire. N'attendons pas que le soleil nous brule avant de connaitre l'importance de l'ombre d'un arbre. N'attendons pas que le désert nous atteigne avant de comprendre l'importance de l'eau. Il y a assez de place ailleurs pour construire nos maisons, pourquoi s'attaquer à la plage ? nous devrons apprendre également à gérer l'eau sale que nous produisons : apprendre à gérer l'eau des vaisselles, des lessives, l'eau des douches et des toilettes, bref apprendre à gérer les déchets que nous produisons. On devrait inciter chaque propriétaire de maison en Afrique à construire dans sa petite maison, un local poubelle, un local lessive, des toilettes et des douche descentes, respectant les normes d'hygiène et de sécurité.

[...] A ce jour ce qu'on observe, c'est que des maisons sont surpeuplées, des appartements sont surpeuplés, des écoles, des hôpitaux, les taxis, les bus, bref la plupart des équipements ou infrastructures en Afrique sont surpeuplés ou surchargés ou mal utilisés. Autant au niveau des transports, les voitures prennent plus de monde que ce pour lesquelles elles sont conçues pour, autant pour l'immobilier, les chambres, les appartements, les maisons contiennent plus de gens que ce qu'ils sont censés contenir. Et comme toute logique, ces modes de transport ne durent pas aussi longtemps que ce qu'ils sont censés durer, ou ces maisons ne durent pas longtemps, ou du moins aussi longtemps que ce qu'elles sont censées durer.

[…]toilettes et douches

Durant mon séjour au berceau de l'humanité, j'ai observé que des gens négligent d'une manière ou d'une autre l'hygiène de leurs toilettes ou de leurs douches. On pourrait sentir les odeurs juste en passant devant une maison, des odeurs qui parfois peuvent vous couper le souffle. Tout un quartier, toute une rue sent mauvais à cause de l'odeur des toilettes ou des douches d'une seule maison, mais personne pour lever le petit doigt pour contraindre ce propriétaire à prendre ses responsabilités. J'ai observé le matin, et j'ai observé le soir, ceci pendant plusieurs jours et j'ai remarqué une deuxième chose qui revient souvent, c'est l'amour pour la fête, l'amour pour l'alcool, l'amour pour la joie de vivre. La majorité parmi les gens de la société qui détiennent les moyens financiers pour financer ou changer les choses et réveiller les autres, sont tout simplement occupés sérieusement par la distraction. On dirait certaines personnes qui travaillent, travaillent uniquement que pour de l'argent, si on leur donnait une certaine somme, ils arrêteraient peut-être de travailler tout simplement et ne reviendront que quand ils auront fini ce qu'ils ont sous la main. Les services publics sont d'un état déplorable parfois, l'entretien, la rénovation, l'innovation sont quelque chose qui sont moins mis en avant dans cette société. Il n'y a aucune contrainte qui les oblige à les faire. Ainsi une maison construite aujourd'hui servira jusqu'au jour où elle s'effondrera tout simplement, personne pour veiller sur son bien-être, personne pour signaler une fissure, un disfonctionnement bref une alerte, et anticiper. La population semble très occupée, très occupée par autre chose au point que ceux à qui on pourrait faire cette petite réflexion pourraient vous regarder bizarrement et vous dire *« qu'est-ce qu'ils racontent lui !!! »*. Ceux parmi eux qui ont les moyens financiers de pouvoir rénover les maisons ou leur quartier préfèrent plutôt utiliser leur argent pour s'offrir les avantages de la belle vie (accumuler des bouteilles d'alcool sur la table, changer ou multiplier les partenaires dans les hôtels, voir les autres de haut ou aimer être traités comme des rois, des sauveurs, des héros...). Je ne sais pas qui nous a appris que profiter de la vie c'est manger boire dormir seulement. Qui nous a appris que profiter de la vie c'est tirer profit de son entreprise sans jamais réinvestir dedans afin de l'agrandir, c'est tirer profit de son environnement sans jamais prendre soin de ce qui en constitue la source, c'est tirer profit de la terre sans rien devoir en retour à la mère terre, tirer profit oui pas n'importe lequel profit mais plutôt un profit immédiat, un profit tout de suite.

[...][4]Certaines maisons n'ont pas de toilettes ou de douches. Chez Celles qui en ont, on observe des jeunes sortir pour verser l'eau sale dans les égouts chaque matin.

Les bonnes dames vendent la nourriture devant les mêmes sales égouts. Quand on y observe de près ces égouts, on sent que ça bouillonne, ça *créée des insectes*, des animaux qui vont à leur tour rendre la population environnante malade.

On ne peut pas continuer à vivre dans une telle insalubrité au vingt et unième siècle.

---

[4] Égouts

Les douches et les toilettes doivent être construites selon toutes les normes hygiène et de sécurité. Chacun doit veiller au respect des normes d'hygiène. Et si la population ne sait pas comment s'y prendre, on devrait lui montrer comment faire, on devrait la former. Les bâtisseurs de maison devraient être formés dans ce sens aussi. Les égouts sont remplis de plastique, de déchets, des sels humains, les égouts ne sont même pas tous fermés, un enfant abandonné peut y tomber dedans facilement. Même un adulte s'il ne fait pas attention il y tombera très facilement. Une voiture quand elle veut se garer, un pneu peut facilement y être coincé.

Les choses se dégradent, et *personne qui se soucie* comme si c'est « d'ailleurs » que viendra le changement, la reconstruction.

Si chacun de nous commence par entretenir sa chambre, sa maison, commence par prendre ses responsabilités, le quartier irait mieux.

[…]⁵

Si chacun commence à jeter sa poubelle bien emballée, bien présentée à un endroit dédié et entretenu. Ce serait déjà un pas vers l'assainissement de notre environnement proche.

Il est à remarquer que la taille des poubelles ne correspond pas souvent à la taille des déchets que produit la population locale, ou du moins le nombre de bacs à poubelle est moindre par rapport au nombre de personnes vivant dans une maison (proportionnellement). Ainsi, la plupart du temps, on observe que les poubelles sont soit vite remplies, soit vite débordées, presque jamais lavées, presque jamais désinfectées. Les déchets qui sont mis à l'intérieur, sont souvent mis en vrac, et ne sont pas au préalable

---

⁵ Poubelle

emballés dans des sacs poubelles ou des emballages dédiés. Ce qui détériore l'état d'hygiène de ces bacs à poubelle.

On doit valoriser le travail de ceux qui s'occupent des poubelles. Il ne devrait pas y avoir de sous métiers. On doit également éduquer la population, l'encourager à prendre ses responsabilités, l'inciter à bien traiter ces déchets, à bien les emballer dans un sac poubelle avant de les jeter dans les bacs dédiés. Et les bacs dédiés doivent être assez nombreux pour que les déchets ne soient pas jetés par terre. Chaque maison doit avoir quelqu'un qui s'occupe de sa poubelle et de son local poubelle. Quelqu'un qui désinfecte, qui nettoie, afin d'éviter toute contamination.

Ainsi les odeurs nauséabondes vont diminuer dans la maison et par chance totalement éliminer dans le quartier.

Les industries de traitements de déchets doivent être mises en place dans chaque commune (cela dépend de la taille de la commune). Ainsi le problème d'insalubrité serait en partie résolu.

[...][6]

Quand on observe les routes, on dirait les piétons n'ont plus de place. Les commerçants ont installé leurs produits sur les trottoirs, les piétons sont obligés de marcher sur la chaussée avec les voitures qui elles aussi, ne respectent pas les limitations de vitesse. Comme si cela ne suffisait pas, ces dernières vous klaxonnent dessus à longueur de journée.

C'est risqué oui c'est risqué désormais de se déplacer à pied, au risque de vous faire renverser. Et pourtant les piétons ne sont pas souls ou inconscients ! Il n'y avait simplement plus de place pour les piétons. Le trottoir est devenu un marché. Les commerçants, même

---

[6] Routes, piétons & commerçants & voitures

s'ils ont des magasins, ne respectent jamais leur limite ! Ils exposent toujours une partie de leurs produits devant le magasin, eux tous font pareil de telle sorte qu'il n'y a plus de place pour les voitures pour se garer, ni de place pour les piétons pour se déplacer. Et sur les routes, à certains feux rouges, ou dans certains embouteillages, on observe des vendeurs qui vendent aux chauffeurs de taxi et à leur passager, ceci au péril de leur vie, car cela est très dangereux. Je me souviens avoir pris le bus pour voir comment ça se passe. Mais à ma grande surprise, les passagers des bus achètent chez les vendeurs à la sauvette, ils achètent de l'eau ou quelque chose. J'étais surpris vu la taille du bus, comment cette pratique a pu continuer encore jusque dans le bus. C'est sûr qu'avec cette façon de se comporter, le bus ne durera pas aussi longtemps qu'il devrait en faire.

[...] On court pour traverser la route. J'étais dans un taxi quand sous mes yeux, une dame courait avec son bébé au dos, pas parce qu'il y avait la guerre, mais parce qu'elle voulait traverser la route. Une autre femme courait avec son enfant dans les bras. Tout roule ici à tout moment de la journée comme s'il n'y avait ni règle, ni restrictions à respecter. Gros camion de chantier jusqu'au petit vélo roule sur toute route, à toute vitesse et à tout moment. Chacun veut dépasser l'autre comme s'ils étaient dans une course. Quant aux taxis, il n'y avait pas d'endroit dédié pour se garer, ils se garaient partout à tout moment sans se soucier de celui qui est derrière eux. Tout va vite ici, tant qu'il y a de l'espace ou de la place, on appuie à fond sur la pédale d'accélérateur.

Sur la route ! Tout le monde est pressé, pressé pour aller où ? je ne sais pas. Ça klaxonne à tout bout de champ, parfois même il n'y a rien mais ça klaxonne quand même. Certaines voitures font demi-tour sur la route, d'autres y vont jusqu'à en faire sur autoroute oui j'en ai vu moi-même etc... Le constat est amer. Remettre tout ceci sur le dos du colon serait l'une des plus grandes irresponsabilités. Tout ceci créé un chaos et un désordre total. Et c'est tout ça accumuler qui résume à peu près l'image du centre-ville africain. [...] Ce qu'à mon humble avis j'ai remarqué aussi c'est que les bonnes dames ou les bons messieurs qui vendent des produits locaux, les exposent par terre, parfois à même le sol. Tandis que les produits étrangers (eur*péens pour la plupart ou oc**dentaux eux sont bien exposés dans des baies vitrées. Ce que j'essaye de dire ! C'est que : « imaginez-vous à P*ris, Et les fromages les produits franç*is sont exposés par terre, à même le sol avec des mouches des insectes, des enfants qui chient à coté alors que les produits étrangers ou africains, eux par contre sont bien exposés dans des magasins bien présentés, dans des centres commerciaux.

Je me suis dit comment cela est-il possible, comment nos produits ne sont pas assez mis en valeur chez nous-mêmes, assez bien présentés, on me dira encore que c'est une question de moyens financiers. Mais cela en dit long sur l'avenir réservé à la culture Africaine. Cela en dit long sur la place que nous-mêmes, nous lui avons accordé. Si en Afrique nos propres produits sont présentés avec une certaine médiocrité, ce n'est pas L*clerc ou A*chan ou Ca**efour qui va les valoriser pour nous, à notre place. Dans un de mes livres j'avais dénoncé le fait que nos produits soient cantonnés que dans des rayons soit disant exotiques Mais après mon séjour en *frique. Je me rends compte que nous-mêmes nous n'avons pas construit de marchés ou de centres commerciaux dignes de ce nom pour nos propres produits. Mais à chaque fois nous nous levons pour aller dans des centres commerciaux où se vend chers des produits étrangers. Et pourtant leur qualité n'est pas forcément supérieure à celle de nos produits locaux.

Le peu de centres commerciaux que j'ai eu l'occasion de visiter sont des centres commerciaux pour marques étrangères (*ccidentales la plupart) et la plupart des marques qui vendent des habits faits à base de pagnes *fricains, n'appartiennent pas souvent aux *fricains.

Et pourtant les gens parmi nous qui ont réussi leur vie, quand ils veulent s'acheter des choses n'ont plus cette envie de retourner dans les marchés qu'ils qualifient désormais de « *sal*s* », Mais plutôt dans les *marchés « propres »*.

Mais si les marchés propres sont réservés à l'étranger, sachons que toutes ces dépenses retournent ou profitent aux étrangers et non à la population locale.

Aussi j'ai remarqué que le profil d'entreprise est majoritairement familial sans forcément d'objectif d'agrandissement si ce n'est celui de se nourrir soi-même d'abord au jour le jour, ensuite sa petite famille bref une petite assurance vie. Du coup épargner pour rénover faire des travaux n'est pas une priorité. La plupart du temps, ils n'en voient pas l'intérêt et pire encore ils ont peur que cela profite à quelqu'un d'autre qu'eux-mêmes.

[...]

Il fait chaud, Mais les gens s'habillent comme dans les pays où il fait froid. Du petit élève jusqu' au cadre.

[...] La façon dont vous prenez soin de votre corps, Personne d'autre nulle part ailleurs ne le fait mieux que vous. Si seulement vous pouvez mettre ce talent au service de votre environnement, de votre terre, de votre chambre, de votre maison, de votre quartier, l'Afrique serait un Jardin d'Eden

L'idéal de développement

Aujourd'hui
rare est de voir un pays développé qui est parti sur des bases saines
rare est de voir ce pays qui s'est développé sans tricher l'autre, sans voler l'autre
Sans arnaquer, sans mentir, sans manipuler, sans détruire l'environnement ou la société etc...
Le pays qui arrivera à se développer en prenant en compte le bien-être de tous les aspects sociaux environnementaux éthiques et moraux
le pays-là qui arrivera à se développer sur les bases saines de la justice
le pays-là, sera un réel pays développé. Ses populations seront heureuses et n'auront plus besoin, pour être heureux, de toujours attendre le prochain week-end, le prochain jour férié ou les prochaines vacances.
Sa population active sera heureuse au quotidien, détendue au quotidien,
Les jours de travail seront ramenés à quatre jours par semaine, afin de permettre à tout le monde de travailler
il n'y aura personne qui travaille trop ni personne qui travaille pas du tout ou qui s'ennuie.
les gens seront occupés normalement, il n'y aura plus quelqu'un qui porte tout seul le fardeau du travail d'une famille, d'une entreprise, ou d'une nation car le fardeau sera partagé, les salaires seront

partagés, il n'y aura plus d'ultra riches ni d'ultra pauvres ou de
misérables. Mais il y aura juste des gens heureux, des gens détendus,
des gens sans stress, des gens paisibles, des gens égaux, des gens
sans hiérarchie
un monde où tout le monde travaille et où tout le monde passe du
temps en famille, du temps avec les amis, du temps avec les
animaux, du temps avec la nature, du temps avec les vieillards, les
handicapés, les personnes âgées, les malades dans les hôpitaux, les
prisonniers etc...

Le berceau de l'humanité a besoin de nous

Le berceau de l'humanité est comme un gâteau de mariage

Les invités à ce mariage sont les autres continents

Les autres continents sont tout, bien sûr sauf la diaspora africaine.

Ces autres continents viennent comme des invités

Avec chacun dans sa main une enveloppe de cadeau aux futurs
mariés.

Mais ce gâteau est découpé seulement et uniquement en nombre de
parts selon le nombre des invités

Ni les futurs mariés, ni leur famille, ne goutteront malheureusement
à aucune part de ce gâteau.

Et quand la célébration du mariage fut finie, les mariés ouvrent
l'enveloppe et découvrent ceci.

Ce n'est malheureusement pas un cadeau Mais plutôt un prêt Mais
ce n'est ni un prêt mais plutôt un crédit.

Un crédit qu'il faut rembourser avec des taux d'intérêts qui peuvent
avoisiner les deux chiffres

Si c'était seulement un taux qui peut avoisiner les deux chiffres, ce serait encore mieux.

Un crédit qui vous coûte aussi votre souveraineté

Un crédit qui vous coûte aussi votre dignité

Un crédit qui vous coûte également votre autorité, votre indépendance. Votre culture est remplacée par la culture de la personne qui vous octroie le crédit

Votre éducation, votre langue sont remplacées par celles de la personne qui vous octroie le crédit.

Oui

Quel rêve poursuivons-nous ?

Le Monde ne s'est pas rappelé de Martin Luther King parce qu'il était milliardaire

Le monde ne s'est pas rappelé de Jésus ou de Mahomet ou de Bouddha parce qu'ils étaient milliardaires

Et pourtant il y avait des milliardaires à leur époque

Le monde s'est rappelle d'eux à cause de ce qu'ils ont fait pour faire avancer les choses.

Et notre génération aujourd'hui

Que faisons-nous pour faire avancer les choses ?

Quel rêve poursuivons-nous ?

Mère terre

Mère terre est une source de vie dont il faut prendre soin et non une ressource dont il faut exploiter.

Mère terre est une famille dans laquelle il faut discuter, dialoguer, échanger, se pardonner mutuellement et non une famille à séparer, à diviser, à éparpiller.

Mère terre est pour tous ses enfants et non pour une partie privilégiée, mère terre est pour tous et non pour une couleur de peau en particulier, mère terre est pour tous et non pour une classe sociale en particulier, mère terre est pour tous ses enfants et non pour les plus forts en particulier.

Le cycle du rejet

Les héros d'aujourd'hui étaient les rejetés d'hier

Les héros d'aujourd'hui étaient les incompris d'hier

Les héros d'aujourd'hui étaient les critiqués d'hier

Ils étaient différents de leur génération, de leur époque Il a fallu à chaque fois, qu'ils meurent avant que le voile qui aveugle leur génération ne tombe. Mais hélas, Il était souvent trop tard, les morts ne ressuscitent pas. Et là leur génération se rend compte qu'ils auraient aimé en apprendre d'avantage d'eux. Et là ils se mettent à faire des documentaires, des films, des interviews, des émissions, des reportages pour essayer d' en apprendre davantage sur eux[7].

Alors que de leurs vivants (les héros), ils étaient là, présents, et personne ne voulait leur tendre la main. Personne ne voulait d'eux. Maintenant qu'ils sont morts, on pose des questions à leurs familles, à leurs proches, à leurs amis. Alors que toutes ces questions, on aurait dû leur en poser de leurs vivants.

---

[7] Les héros que jadis leurs ancêtres ont tué

Aujourd'hui, en ce moment même, il y a encore, un futur héros quelque part parmi nous. Mais nous sommes en train de le critiquer, de l'insulter, de le juger, de fouiller sa vie privée, de retourner son passé contre lui, bref nous sommes en train de lui rendre la vie insupportable. Demain lorsqu'on nous annoncera sa mort à la télé, à la radio, dans la presse, sur les réseaux sociaux, nous serons les premiers à le regretter, les premiers à prendre conscience de la valeur de ce qui vient de nous quitter. Et c'est ainsi que le cycle du rejet de nos héros recommence.

Les briseurs de rêve

Attends, pourquoi tu es pressé ? tu as tout ton temps... calme toi, aie de la patience... voilà parfois les expressions qui sortent de la bouche des gens à qui on demande des conseils. Des gens vers qui on se tourne quand on est bloqué à une étape de réalisation d'un de nos projets qui nous tiennent vraiment à cœur. Nous sommes peut-être bloqués à cause d'un document manquant, ou d'un dossier en attente, d'un manque de financement, d'un refus de visa, d'un rejet, ou d'une incompréhension quelque part bref peu importe la raison. Ces gens (parfois) au lieu de nous encourager dans notre détermination, au lieu de nous soutenir dans notre combat, de nous motiver, de nous aider à faire ou à obtenir justice. Ces gens-là, au lieu de tout ça, nous répètent sans arrêt : « Attends, pourquoi tu es pressé ? tu as tout ton temps... calme toi, aie de la patience, ou simplement et surtout pourquoi tu te fatigues autant, ce tel projet ne rapporte pas d'argent, pourquoi te fatigues tu pour autant pour quelque chose qui ne rapporte pas assez, etc... ».

[...] Ainsi ils arrivent à semer en toi la peur, le doute, et surtout la paresse, la lassitude. Et toi certes tu ne les as pas écoutés, certes tu as continué ton chemin, tu as continué ton combat, ton projet, bref ton rêve, ta passion. Mais malheureusement, quand les difficultés commencent à se multiplier, leurs paroles décourageantes te reviennent à l'esprit et là, face à tes échecs incessants, tu te dis peut-être qu'ils avaient raison, peut-être que tu n'aurais pas dû te lancer dans ce projet, peut-être que tous ces efforts ne valaient peut-être vraiment pas la peine.

[...]

Les briseurs de rêve te feront croire que tu as tout le temps devant toi, ils te répèteront que tu es encore jeune, tu as toute la vie devant toi. Mais hélas, la mort de nos jours ne dépend plus du nombre de temps passé sur terre, elle ne dépend plus de ton âge. Désormais, il n'y a plus que les vieux qui meurent sur cette terre, il n'y a plus que les malades qui meurent tôt, les gens bien portants meurent également, et même parfois plus tôt que les gens malades ou hospitalisés. Les gens pleins de vie et d'énergie disparaissent également. Observe de toi-même, depuis que tu es né, combien ne sont pas morts parmi les gens de ton quartier, parmi tes amis, tes proches ou les gens de ton entourage. Combien sont-ils tous ces gens avec qui on faisait tel ou tel projet, tous ces gens qui nous font rêver, mais que le lendemain, on nous signale tout à coup leur disparition.

Tout ceci prouve malheureusement qu'on n'a pas forcément tout le temps devant nous, on peut mourir plus tôt que prévu, on peut tomber malade plutôt que prévu. On peut finir handicapé, en prison, dans un asile psychiatrique, bref tout peut arriver sur le chemin de cette vie. Ces exemples sus mentionnés n'ont pas pour objectif de faire peur, ou de décourager, mais plutôt ont pour objectif de nous inciter à passer à l'action maintenant, aujourd'hui, en ce moment. Aujourd'hui est une belle opportunité pour nous de réaliser ce que nous avons dans le cœur, aujourd'hui est une belle opportunité pour nous d'écrire ce qui frappe sans arrêt à la porte de nos pensées. Maintenant est une chance que nous avons pour rendre service à notre rêve, à notre passion, à notre destinée, à notre communauté, à notre entourage.

[...] Que tu aies des rêves ou des projets ne te garantit pas une longue vie, encore moins une éternité. Que tu sois rempli de rêve, d'ambition, de passion ne t'exempt pas des aléas de la vie. Parfois, notre passion, notre rêve, notre projet ont tendance à nous donner l'impression d'être invincible, invulnérable, inarrêtable, mais surtout l'impression d'être éternel, mais tout ceci n'est qu'une illusion. On prend conscience de la réalité mais la plupart du temps quand c'est déjà trop tard.

Le cimetière est rempli de gens qui avaient autant ou même plus de projets que toi. L'hôpital est rempli de gens qui avaient autant ou même plus de projets que toi. Les prisons sont remplies de gens qui avaient autant ou même plus de projets que toi. Ce qui fera la différence entre toi et eux, ce sera non seulement l'action mais aussi la persévérance et la discipline. Et le fait de passer à l'action ne te garantira pas non plus la réussite. Mais au moins en passant à l'action et en persévérant dans une discipline, tu prends au moins le risque de réussir.

[...]

Ils ont consulté tel oracle, ils ont eu telle prophétie pour toi, la prophétie a dit ceci, l'oracle a dit cela : tu seras un grand roi, un grand médecin, un grand musicien, un grand écrivain, un grand pasteur, un grand ceci, un grand cela et j'en passe.

La plupart du temps quand leur oracle parle, c'est rarement un petit truc que tu deviens, c'est souvent une grande quelque chose que tu deviens.

Normalement ces belles paroles étaient censées t'éclairer (t'apporter la lumière dans l'obscurité, dans les ténèbres de ce monde), elles sont censées t'apporter l'espoir quand tout semblerait perdu pour toi bref t'encourager, t'orienter, te montrer le chemin, afin de te faire gagner du temps, afin que tu ne te sentes pas perdu dans le labyrinthe de ce monde, afin que tu puisses avoir un avantage sur les autres, celui de savoir où tu vas.

Mais toi, malheureusement dès que ces belles paroles pénètrent ton esprit, plus rien n'est pareil dans ton mode de pensée ou dans ton mode de raisonnement, dans ton caractère, dans ton comportement. Et depuis ce jour, tu commences à avoir plutôt tendance à te comparer aux autres, à te surestimer, à être prétentieux, arrogant. Toi tu ne t'en rends peut-être pas compte mais les autres oui. Tu restes focalisé sur ce que tu as entendu, et qui constitue d'ailleurs une finalité, une destination mais tu oublies de demander le chemin qui y conduit, le prix à payer sur ce chemin, les sacrifices à faire, les choix parfois difficiles auxquels tu seras confronté dessus. Vu que tu te vois déjà dans les avantages du sommet, dans les avantages de la finalité, tu deviens malvoyant, disons même, presque aveugle quand à tout ce qui concerne la vraie réalité du moment présent. Tu oublies que certes le sommet de la montagne est très joli, certes on a une belle vue du paysage depuis là-bas, une belle vue des fleurs des arbres recouverts de neige, mais tu oublies qu'il faut passer par le sentier étroit, qu'il faut traverser la forêt glissante, piquante, qu'il faut faire face aux bêtes sauvages, à la poussière, à la pluie, à la fatigue, au repos obligatoire, parfois au sommeil. Tu oublies parfois que tu as besoin d'aide des collaborateurs, des gens qui sont doués dans tel ou tel domaine plus que toi et qui t'auront non seulement facilité la tâche, mais aussi t'auront fait gagner beaucoup de temps, tout ceci seulement si jamais, tu collaborais avec eux.

[...] Les grands joueurs demeurent des grands joueurs au fil des ans, parce qu'ils ont une bonne équipe, parce qu'ils ont de bons partenaires, de bons coéquipiers, parce qu'ils ont une bonne famille, parce qu'ils ont un bon coach, un bon soutien. Derrière un grand buteur, se trouve un grand passeur. On ne peut pas tout faire tout seul, on a besoin des gens avec qui travailler ou des gens à qui déléguer telle ou telle autre tâche. [...] Même Jésus Christ connu comme étant le Roi des rois, le puissant et tout ce que vous voulez lui attribuer comme qualité, avait aussi des disciples avec qui il travaillait. Quand la foule le rejette, quand tout le monde le rejette, il y avait au moins une poignée de disciples qui restaient tout de même fidèles à lui. Et même malgré qu'il savait que l'un de ceux qui le trahiraient proviendrait de ses disciples, cela ne l'a pas empêché de continuer à travailler avec eux. Travailler avec les autres, solliciter leur aide, leur collaboration sur un projet ou tel autre, n'est pas un signe de faiblesse.

[...] David le roi d'Israël, quand il allait en guerre, avait autour de lui, ce qui était nommé dans les saintes écritures comme « les vaillants hommes de David ». Parmi les vaillants hommes de David, on peut citer un certain *Josheb-Basshébeth le Tachkemonite*, il combattit à lui tout seul et fit à lui tout seul huit cents victimes. Il y avait également un certain *Eleazar*, au moment où l'armée de tout un pays prenait la fuite devant l'armée d'un autre pays, lui, il se leva et combattit à lui tout seul toute l'armée d'une nation. Il combattit jusqu'à ce que sa main soit fatiguée et collée à son épée. Le peuple de son pays quand il revient ce n'est pas pour l'aider dans sa bataille, mais juste pour procéder au pillage de l'ennemi déjà vaincu par lui[8].

[...] Et si tout cela ne suffisait pas pour te convaincre, Dieu le Dieu tout puissant, omniprésent, omniscient, omnipotent, a des anges qui sont à son service, certes Dieu est fort, très fort certes, mais la vérité c'est qu'il a avec lui des anges. Des anges dont on entend plus ou moins parler parfois.

[...] Quel est ce rêve, quel est cet objectif, quelle est cette passion, que personne avant toi n'a jamais eu pour que tu refuses de collaborer avec les gens de ta génération, pour que tu refuses de travailler avec les gens de ta communauté, de ton quartier, etc....

Quand à tes amis, tu leur deviens inaccessible, les autres ne peuvent plus te parler normalement, on ne peut plus te parler comme avant, car tu connais désormais quelque chose sur ton avenir, et ainsi tu t'accordes tout seul un certain privilège.

Mais ce que tu ignores, c'est que si tout le monde, je dis bien si tout le monde allait consulter l'oracle, le marabout, le prophète, le médium et j'en passe, on leur aurait dit peut-être la même chose, qu'ils sont une grande personne, qu'ils ont un brillant avenir, qu'ils sont spéciaux, etc...

---

[8] 2 Samuel 23 : 8

Tu te comportes peut-être comme ça parce que tu connais ton brillant et merveilleux avenir. Mais ce n'est pas parce que tu connais ton brillant avenir que tu l'atteindras forcément. Ce n'est pas parce que les autres ne connaissent pas leur brillant avenir qu'ils n'en ont pas forcément.

Pourquoi ne pas s'humilier et travailler avec les gens de sa génération, avec les autres pour accomplir sa destinée. Une destinée n'est pas quelque chose d'individuelle. Une destinée est comme le fruit d'un arbre. L'arbre ne mange pas ses propres fruits. C'est les autres qui viennent s'en servir. Toi, tu es cet arbre, tu portes des fruits sur toi. Mais ces fruits seront utiles plus aux autres qu'à toi. La destinée est quelque chose de collectif, quelque chose qu'on peut apporter à une communauté, à une nation bref à tout sauf à soi-même. Une destinée n'est pas par exemple de rouler dans de voitures luxueuses, ça c'est se faire plaisir. Mais une destinée est par exemple de respecter le pauvre, malgré qu'on est dans sa belle voiture, donner l'espoir à celui qui n'en avait plus, donner la joie à celui qui en est privé.

[...] La plupart de ceux qui connaissent leur brillant avenir, ont tendance à négliger ce que je décris ici comme les faibles commencements.

Vu qu'ils connaissent déjà leur brillant avenir, ils auront tendance à ne plus vouloir accepter la réalité ou le présent. Ainsi par exemple ils auront du mal à s'adapter aux moments d'adversité, du mal à travailler pour un temps comme agent de sécurité pour nourrir sa famille alors qu'on est détenteur d'un master ou d'une thèse, travailler comme plongeur (celui qui lave les assiettes dans les restaurants) pour financer ses études, ou durant les vacances scolaires pour payer les frais universitaires alors qu'on est convaincu qu'on est le prochain président de la république. Pourquoi, simplement parce qu'ils se disent qu'ils savent leur brillant avenir, ainsi se rabaisser, s'humilier devient quelque chose de difficile pour eux. Ils ignorent ainsi comment un escalier anodin peut mener au dernier étage de la tour Eiffel. Ils ignorent comment un sentier anodin peut mener au sommet de la plus haute montagne. Ainsi, ils se constituent eux-mêmes en leur propre obstacle, en leur propre ennemi. Ainsi Joseph qui à travers son rêve avait pris conscience qu'il était destiné à un brillant avenir n'a jamais sous-estimé un métier, il servit en tant qu'esclave, il servit à chaque endroit où il se retrouve, et surtout ne prenait personne de haut parce que soi-disant dans un proche avenir il était destiné à être un jour premier ministre. Ainsi en ne cherchant à rien comprendre, en ne cherchant pas à savoir comment ce brillant avenir allait arriver ou pas, en faisant au quotidien et très bien ce qui tombe sous sa main, il finit par être premier ministre dans un pays étranger (un pays où il était arrivé initialement en tant qu'esclave, et pire encore en tant que prisonnier).

[...] A la naissance de Jésus Christ, les mages d'orient avaient juste regardé le ciel et avaient dit qu'un grand roi venait de naitre.

Ils avaient juste vu une étoile

Et ils ont dit qu'un Roi est né

Ils avaient juste vu une étoile

Et ils ont dit qu'un Roi est né

Ils n'ont pas vu de femme enceinte

Ils n'ont pas entendu de bruit de bébé

Ils avaient juste vu une étoile

Et ils ont dit qu'un roi est né
Ils ont juste regardé le ciel
Et ils avaient raison
Un Roi était vraiment né
Pas n'importe lequel
Un grand Roi
©Kabirou OWOLABI

Imaginez que vous mettiez un enfant au monde et l'on vient vous annoncer que vous avez mis au monde un grand roi. Quelques mois après, la nouvelle parvint à l'actuel roi de votre pays qui aussitôt envoya toute une armée tuer tous les enfants de moins de deux ans de votre village pour être sûr de tuer l'enfant prodige également (que le roi actuel considère comme rival déjà)....

Imaginez votre ressenti et ce à quoi vous vous attendrez de la part d'un tel enfant. Je ne sais pas pour vous, mais pour ma part, voilà un scénario type. A un certain âge, cet enfant allait détrôner l'actuel roi d'Israël par un coup d'Etat ou par un autre moyen, et régner puissamment sur son pays, faire de ce petit pays, un grand empire qui perdurerait des siècles et des siècles sur toute la terre. Ça c'est le scénario humain que vous et moi, auraient imaginé. Mais l'histoire ne s'est pas déroulée ainsi, moins encore, la vie de cet enfant ne fut pas un paradis comme on a l'habitude chez le commun des rois de la terre. Dans les passages des récits qui relatent la vie de cet enfant, on peut noter qu'il n'était pas le plus riche financièrement de son époque : il est écrit qu'il envoya un de ses disciples pécher un poisson afin de pouvoir trouver de quoi payer l'impôt qu'on lui réclamait.

Il n'était pas non plus le plus grand propriétaire terrien, dans les mêmes récits, il est mentionné que Jésus n'avait parfois pas où dormir, il avait une vie géographiquement instable, et se faisait héberger parfois (ou souvent). Tout ceci est tout sauf ce qu'on aurait pu imaginer d'un futur grand Roi, pas d'un futur roi simplement, mais d'un futur grand Roi. Il vécut comme ça jusqu'à sa mort prématurée (en plus il n'est pas mort à soixante-dix ans, il est mort à seulement trente-trois ans). Ceci n'a rien en commun avec la vie d'un futur roi qu'un être humain lambda comme vous et moi rêverait. Bref durant sa vie sur terre, Jésus n'a jamais été Roi d'Israël, mais aujourd'hui, presque deux millénaires après sa naissance, Jésus Christ est toujours célébré de par le monde et un jour dans le calendrier annuel (voire plus), lui est consacré.

La vie après la réalisation de nos rêves

Ce rêve pour lequel on ne dort pas, ce rêve pour lequel on s'isole, ce rêve pour lequel on abandonne tout. Ce rêve pour lequel on divorce, ce rêve pour lequel on avorte, ce rêve pour lequel on abandonne ses enfants, ce rêve pour lequel on n'a pas le temps pour sa famille, ce rêve pour lequel on n'a pas le temps pour ses parents. Ce rêve pour lequel on s'en va très loin de sa patrie, de ses racines.

Ce rêve, oui ce rêve quand il sera enfin réalisé, qu'est ce qui se passera par la suite ?

Parfois, nous sommes tellement aveuglés par notre passion, notre objectif, notre détermination, notre rêve au point que nous oublions tout ce qui se passe autour de nous. Nous oublions de donner l'attention nécessaire à notre conjoint, l'attention nécessaire à notre enfant, à notre famille, à nos amis. Nous négligeons certains petits trucs anodins, tellement anodins que nous ne nous rendions même pas compte d'être en train de les négliger. Mais malheureusement, des années après, quand tu as déjà tout réalisé, quand tu es déjà au sommet de cette montagne, quand tu es déjà dans cette belle voiture dont tu as toujours rêvé, quand tu as déjà ce poste que tu convoitais depuis tant d'années, et c'est là malheureusement que tu te rends compte que tu es passé à côté de l'essentiel, c'est là malheureusement que tu te rends compte que tu as tout sauf l'essentiel. Que tu as raté l'éducation de tes enfants, que ton couple n'était pas aussi solide que ce que tu pensais, que tes parents ont pris de l'âge, et à tout moment ils pouvaient partir dans l'au-delà, et toi, tu étais là mais tu ne t'es même pas rendu compte une seconde de tout ce qui se passait autour. Les rêves, les ambitions, les objectifs, peuvent nous aveugler, ils peuvent nous éloigner de ce qui est essentiel dans la vie, ils peuvent nous enfermer dans une illusion, dans un isolement, dans une solitude. Ils peuvent nous rendre *a-sociables*. Les gens te diront que c'est normal, si tu veux aller loin, tu ne dois pas te marier, tu ne dois pas avoir des enfants, mais est-ce forcément vrai cette idée reçue ? et si on associait sa famille dans ses projets, et si on impliquait ses proches dans ses rêves, on avance tout doucement, mais c'est sûr, on avancera surement.

Ton coin de cuisine est un petit musée

Ton coin de cuisine dans ta chambre est un petit musée. La cuisine fait partie de notre culture, et oui, la cuisine est une culture. Il faut parfois voyager, il faut parfois s'ouvrir à l'extérieur pour se rendre compte de cette évidence. Notre coin de cuisine dans notre chambre, dans notre appartement, dans notre maison est bel et bien un petit musée. Ce que nous mangeons, ce que nous buvons, la façon dont nous mangeons, la façon dont nous buvons, le nombre de fois où nous mangeons, le nombre de fois où nous buvons, qu'il soit organisé ou pas fait partie de notre culture.

Ne reste pas là à attendre indéfiniment !

Si jusque-là, personne ne veut te recruter, c'est peut-être le moment pour toi, de créer ta propre entreprise. Si jusque-là, personne ne veut te publier, c'est peut-être pour toi le moment de créer ta propre maison d'édition. Si jusque-là, aucun label de musique n'a donné un avis favorable à ta musique, c'est peut-être le moment pour toi de créer ton propre label.

Il te le faut le faire, si tu tiens vraiment à ta passion. Si tu tiens vraiment à te sacrifier pour quelque chose dans laquelle tu te sens très épanouie. Notre monde malheureusement, encourage souvent ce qu'il connait déjà, ou ce qu'il pense que le reste du monde appréciera. Ainsi, au fil du temps, il devient réticent à l'inconnu, à la différence, au changement.

Donc si quelqu'un a un style d'écriture différent de ce que le monde a connu jusque-là, si quelqu'un a un style de musique différent de ce que le commun des mortels a connu jusque-là, si quelqu'un a une méthode de travail différente de ce que les autres ont connu jusque-là, cette personne est souvent mise à l'écart, ou incomprise, ou simplement isolée, invitée à faire comme tout le monde. Il faut alors du courage, du dévouement, de la confiance en soi pour assumer sa différence vis-à-vis des autres personnes. Il faut être prêt à être rejeté, à être isolé, à se voir toutes les portes fermées, bref il faut être prêt à se battre pour pouvoir se faire une place.

Et comme notre temps sur terre est limité, au lieu d'attendre de se faire accepter, au lieu de faire tout pour plaire au standard de ce monde, pourquoi ne pas se laisser guider par son propre cœur, son propre instinct, sa propre voix intérieure.

Le standard de ce monde te rejettera au début, mais avec le temps, ils finiront par t'accepter.

Alors ne décourage pas, toi qui te sens si différent. Ne cherche plus à éteindre cette lumière particulière que tu as en toi. Ne cherche plus à la cacher. Laisse ta lumière particulière éclore et illuminer le monde. Notre monde a besoin de ta particularité, de ta différence.

La douleur n'a épargné personne

La douleur n'a épargné personne, les hommes souffrent, les femmes souffrent, les vieux souffrent, les enfants souffrent, les noirs souffrent, les blancs souffrent, les jaunes souffrent, etc... Les habitants de la plus belle ville du monde souffrent. Les habitants de la plus modeste ville du monde souffrent également. Les habitants du pays le plus développé au monde souffrent, les habitants du pays le « soi-disant moins développé » au monde souffrent également.

Mais personne ne lève la tête pour voir ce qui se passe réellement et dire la vérité au monde entier.

Je vois la gente masculine s'associer entre eux, pour accuser les femmes. Je vois la gente féminine s'associer entre elles, pour trainer les hommes en justice

Je vois une Couleur de peau qui déteste l'autre Couleur de peau

Je vois une religion qui ne veut pas entendre parler de l'autre religion.

Je vois une nationalité qui se croit supérieure aux autres nationalités.

Je vois tout ça, et personne pour dire STOP. STOP à toutes ces frontières qu'on a tracées. STOP à tous ces stéréotypes, à toutes ces barrières qu'on érige dans les médias.

STOP à tous ces préjugés.

Car la vérité, la vérité, c'est que chacun de nous souffre derrière sa barrière. Nous souffrons tous dans nos cages, nous souffrons tous dans nos cellules. La vérité, c'est que la douleur n'a épargné personne. Les hommes souffrent, les femmes souffrent, les vieux souffrent, les enfants souffrent. Les noirs souffrent, les blancs souffrent, les jaunes souffrent etc...

La solitude n'a épargné personne. Chacun a quelque chose qui peut être utile à l'autre. Et d'ailleurs, nous ne devrions même pas nous aimer parce que l'autre a quelque chose à nous apporter. Nous devrions normalement nous aimer inconditionnellement. [...] Mais personne ne lève la tête pour voir ce qui se passe réellement et se dire la vérité. On préfère cacher nos douleurs derrière nos fiertés, on préfère cacher nos souffrances derrière nos réputations.

L'homme est un arbre en mouvement

Nous sommes des arbres en mouvement, notre enfance est notre racine. Nous nous rappellerons de notre enfance durant toute notre vie sur terre, et parait-il qu'avant notre mort, on a les images de notre enfance. Bref nous sommes des arbres en mouvement. Ce n'est pas pour rien que la plupart des paraboles du messie font référence à l'homme comme s'il était une semence, comme s'il était la bonne semence ou l'ivraie. Et plus loin, il dira ceci de l'homme, il faut que nous portions des fruits, entre vous et moi, visuellement qu'est ce qui porte des fruits sur la terre à part les arbres. Un jour le fils de l'homme essaye de donner la vue à un aveugle de naissance, après le premier essai de guérison, il demanda à l'aveugle, que vois-tu ? l'aveugle lui répond : je vois des hommes, ils sont comme des arbres qui bougent. Et le fils de l'homme lui réimposa encore les mains, et là il voit ce que vous et moi voyons c'est-à-dire des hommes normaux. Mais rappelez-vous s'il a vu des hommes comme des arbres et non comme des humains comme vous et moi, c'est qu'en partie c'est peut-être vrai, en partie cela pourrait être une vue du ciel de qui nous sommes réellement. Nous sommes des arbres, nous sommes des plantes, quelqu'un nous a planté, il reviendra vérifier qui parmi nous a porté de bons fruits ou pas. Un arbre qui ne produit pas de fruits est coupé et jeté dans la géhenne. Sachez que cette parole parle de nous. A plusieurs reprises, nous sommes comparés à des arbres, à plusieurs reprises, on nous demande de porter du fruit, c'est peut-être parce que c'est ce que nous sommes réellement.

La particularité de notre génération

Chère génération future, la particularité de notre génération était de faire plusieurs choses en même temps. Le téléphone est comme une tache qui s'est venue ajoutée à tout ce qu'on faisait.

Désormais, on mangeait avec le téléphone à côté, on cuisinait avec le téléphone à coté, on conduisait avec le téléphone à côté. Les mariés passaient leur lune de miel avec le téléphone à côté.

Chère génération future, l'autre particularité de notre génération était la peur. Les médias nous faisaient peur par leurs informations. Et quand on courait vers l'église, elle aussi nous faisait peur par ces informations, et quand on courait vers la mosquée, elle aussi nous faisait peur par ces informations. Tout ce qui était censé nous apporter la paix, nous apportait aussi la peur (mais surtout en grand nombre, en grande quantité). L'autre particularité de notre génération, est que c'est les médias, les réseaux sociaux qui décidaient à notre place. Ainsi on préférait manger ceux dont on parle le plus sur internet ou sur les réseaux sociaux. Même si ce n'était pas délicieux à notre goût, on se disait que c'est plutôt nous qui étions bizarres, tant que les médias en parlent, cela était bon ou censé être bon.

Ainsi un ami qui achète telle marque de voiture méconnue du grand public était vu comme quelqu'un de bizarre, tandis qu'un ami qui achète telle marque de voiture célèbre sur les médias, ou sur la toile était plutôt vu comme quelqu'un d'intelligent.

Il en va de même pour nos chaussures, nos vêtements, nos logements, nos villes d'habitation, nos pays, nos nationalités etc...

Ainsi telle personne qui habite telle ville avait plus de privilège social chez tel groupe de personnes que telle autre qui habite une ville méconnue du grand public. Alors que la vie dans cette ville connue du grand public n'est pas forcément mieux que la vie dans telle autre. Les habitants de cette ville, se plaignent à longueur de journée, mais rare sont une poignée de personnes qui prennent une décision simple de la quitter ou d'améliorer leurs conditions de vie ou simplement d'aller chercher leur bonheur ailleurs.

Pourquoi est-il si difficile ?

Pourquoi est-il si difficile de se sourire quand on se croise

Pourquoi est-il si difficile de s'aimer tandis qu'on est vivant

Pourquoi est-il si difficile de s'apprécier tandis qu'on est ensemble

Pourquoi est-il si difficile d'oublier ce qui nous a blesse

Pourquoi est-il si difficile de pardonner la faute de L'autre

Pourquoi est-il si difficile de se dire un simple bonjour

Pourquoi est-il si difficile d'apprécier juste le moment présent

Pourquoi est-il si difficile de se tendre simplement la main ?

Famille planétaire

Les enfants souhaitent que leurs parents ne se séparent pas, Que leurs parents s'aiment entre eux, Que leurs parents soient présents a cote d'eux. Qu'ils les fassent sortir, Les emmener au parc, bref passer du temps ensemble. Mais ce que les PARENTS de leur côté, souhaitent plus que tout, c'est que leurs enfants s'aiment entre eux, ne se déchirent pas, Les enfants d'un même père d'une même mère peuvent être très différents (physique, caractère etc....). Notre Père qui est au ciel souhaite la même chose pour nous ici sur terre.

Notre Père au ciel souhaite que nous apprenions à nous aimer, A nous entraider, à nous soutenir l'un l'autre. Notre famille c est pas seulement notre famille biologique, notre famille c'est pas seulement les gens de notre communauté, de notre Couleur de peau, de notre genre, de notre Classe sociale, de notre religion... Notre famille c'est tous les habitants de cette terre, tous ceux qu'on a eu la chance de voir, de croiser ou d'en entendre parler durant notre vie sur cette terre, et tous ceux dont on en entendra jamais parler aussi.

Nous devrions être rempli de joie quand nous nous croisons dans la
rue
Au travail dans le bus dans le train dans l'avion etc...
Car nous sommes tous fils et filles d'un même Père.

Aimons-nous les uns les autres

L'un était noir

L'autre était blanc

Le dernier était tout sauf noir et blanc

Mais au final où est la différence ?

Quel texte il faut écrire

Quelle chanson il faut chanter

Quelle musique il faut jouer

Pour que l'humanité comprenne qu'elle est *UN*

Que nous soyons noirs blancs rouge jaune peu importe la Couleur,

Nous sommes tous égaux

Aimons-nous les uns les autres tandis que nous avons la chance de

vivre encore sur cette terre.

Regard d'amour

Quand tu poses ton regard sur ton prochain, assure-toi que cela soit
un regard d'amour et non de jugement. Quand tu ouvres ta bouche
pour s'adresser à ton prochain, assure-toi que tes paroles soient des
paroles d'amour de réconfort et d'espoir. Quand tu lèveras ton bras
sur quelqu'un, assure-toi que ton bras l'aidera à le relever de sa chute,
de son découragement, de son malheur de sa tristesse. Petit à petit en
agissant ainsi chacun de notre côté, nous finirons par nous guérir les

uns les autres. Petit à petit et nous finirons par nous relever les uns les autres. Car chacun de nous a une blessure qu'il transporte. Chacun de nous a un fardeau qui pèse sur son épaule.

2020

Cette année n'aura pas été l'année ou nous aurons eu tout ce que nous voulions. Mais elle aura été au moins l'année ou nous apprécions tout ce que nous avons. L'année où nous apprécions la vie de famille, l'année où nous apprécions l'importance de l'autre. L'année où nous comprenions ce que les autres subissent en prison, l'année où nous comprenions ce que les autres subissent sur leur lit d'hôpital, l'année où nous comprenions ce que les animaux subissent dans les cages (dans les zoos).

Heureusement

Heureusement

Il y a la pluie pour arroser certains endroits

Sinon ils n'auront jamais été arrosés

Heureusement il y a la lune et les étoiles pour éclairer certains endroits

Sinon ils n'auront jamais été éclairés.

Heureusement

Il y a la mer la rivière les fleuves à certains endroits sinon certains animaux n'auraient jamais été abreuvés.

Heureusement il y a toi et moi pour prendre conscience de toutes ces choses sinon personne ne saurait qu'il y a quelqu'un derrière tout cela.

Nous sommes le fruit de l'amour

Si toi et moi on existe aujourd'hui.

C'est parce qu'il y a eu des gens qui se sont aimés au moins une fois. Alors pourquoi ne pas vivre dans un esprit d'amour, pourquoi ne pas vivre dans un esprit de partage, pourquoi ne pas vivre dans un esprit de communion fraternelle. Pourquoi tout le temps savoir qui est le plus fort, qui est le plus riche, pourquoi hiérarchiser nos différences, pourquoi se comparer à longueurs de journées. Pourquoi décréter telle couleur au-dessus d'une autre, pourquoi décréter telle forme physique au détriment d'une telle autre forme. Pourquoi décréter telle couleur de cheveux au détriment d'une autre couleur de cheveux. Pourquoi décréter telle nationalité au détriment d'une autre nationalité. Nous sommes un seul peuple, nous sommes une seule population, nous sommes une seule nation, nous sommes une seule race. Les frontières nationales ont été tracées avec l'histoire, elles ont été tracées souvent après des guerres et surtout par les vainqueurs de guerre. Ne nous enfermons pas dans nos pays, ne nous enfermons pas dans ces prisons légitimes, ne nous enfermons pas dans ces cellules. Ce serait réagir comme ils le souhaitent, nous sommes un seul peuple, nous sommes une seule population. Quelqu'un d'un pays différent du tien n'est pas ton ennemi, quelqu'un d'une couleur de peau différente de la tienne, n'est pas ton adversaire, quelqu'un d'une couleur de cheveux différente du tien n'est pas ton adversaire. Nos différences sont nos richesses, le noir est ton ami, le juif est ton ami, l'arabe est ton ami, l'indien est ton frère, l'asiatique est ton ami. Nous sommes une famille, et la terre est notre maison. Viens découvrir ma culture sans visa, viens découvrir ma culture sans passeport, tu es chez toi chez moi, je suis chez moi chez toi. Car je te vois comme un frère et non comme un étranger, je te vois comme un ami et non comme un inconnu. Je t'aime peuple de la terre, j'aime ma famille et je t'aime aussi. J'aurai aimé avoir sept milliards d'yeux pour pouvoir voir toutes ces belles créatures que sont mes frères et sœurs que vous êtes, j'aurais aimé avoir tous les passeports du monde entier pour vous visiter tous, mon cœur bat tellement fort en ce moment où j'écris ce texte, je vous aime, je suis content d'avoir des frères différents de moi, je suis content d'avoir des sœurs différentes de moi. C'est une grande chance, un grand privilège de vivre et de savoir qu'on a sept milliards de voisins, c'est une grande chance, un grand privilège de vivre et de savoir qu'on a sept milliards de personnes dans sa famille. Alors dites-moi, comment peut-on s'ennuyer dans une famille de sept milliards de personnes, comment peut-on se sentir seul dans une famille de sept milliards de personnes.

N'oublions pas de leur dire je t'aime

N'oublions pas de leur dire je t'aime

Tandis qu'ils sont vivants

N'oublions pas de leur dire je t'aime

Tandis qu'ils sont à coté

N'oublions pas de leur dire je t'aime

Avant de dormir

N'oublions pas de leur dire je t'aime

Avant de quitter la maison

N'oublions pas de les appeler parfois

Pour leur rappeler

A quel point on les aime

Pour ma part, je vous aime

Si quelqu'un te fait du mal

Si quelqu'un te fait du mal

Ce n'est pas sa religion qui t'a fait du mal

Si quelqu'un te fait du mal

Ce n'est pas sa Couleur de peau qui t'a fait du mal

Si quelqu'un te fait du mal

Ce n'est pas sa communauté qui est mauvaise

Si quelqu'un te fait du mal

C'est peut-être pour une raison.

Il faut s'approcher de lui et voir ça avec lui.

Mais

Rester loin à accuser sa culture, sa religion, sa communauté,

nationalité...

C'est tout sauf arranger les choses.

Et si on passait à l'action

Cette chose qu'on n'arrête pas d'imaginer.

Cette chose qui occupe tellement nos pensées.

Cette chose que notre cœur nous rappelle à chaque fois de faire

Pourquoi ne pas décider de la réaliser une fois pour de bon.

Ainsi

Notre esprit sera libéré

Notre âme sera apaisée

Et les autres jouiront des fruits de notre action.

Mais surtout

Et surtout

On ne rêvera plus de la même chose.

L'humanité a besoin de vous

Moi la terre, j'ouvre ma bouche et je parle

Moi la terre j'ouvre ma bouche pour vous rappeler ceci :

*Vous n'êtes pas un raté

Ne laissez personne vous faire croire que vous êtes un raté.

Si votre famille, votre entourage vous fait croire qu'elle n'a pas
besoin de vous

Sachez que l'humanité elle, a besoin de vous.*

Message de la terre a sa population

Les gens souffrent à côté de nous

les gens sont en train de souffrir à côté de nous

et ceci, non pas parce qu'ils sont malades

non pas parce qu'ils sont vieux

non pas parce qu'ils sont handicapés

mais juste pour une seule chose:

PARCE QU'ILS N'ONT PAS LES PAPIERS

Juste à cause de ces papiers

des gens se retrouvent face à la police

d'autres dans les rues,

certaines vies meurent, certaines lumières s'éteignent,

certains rêves se brisent, certains espoirs s'estompent etc...

et notre "civilisation" trouve ça normale.

une vie qui condamne certains à courir après les papiers

et ceux d'entre eux qui n'y arrivent pas

risquent de se retrouver dans des situations parfois compliquées.

et ça continue, les frontières de papiers...

La guerre des étoiles

Ici on ne parle pas d'hôtel cinq étoiles, non il s'agit pas de ça. On ne parle pas d'hôtel quatre étoiles, non il ne s'agit pas d'une question de confort ou de prix ici. On parle des avis laissés sur internet sur les entreprises, des avis cinq étoiles selon que vous avez aimé ou pas le plat que vous avez commandé, selon que le serveur vous a souri ou pas, selon que l'ordinateur que vous avez payé à trois cent euros fonctionne ou pas comme un ordinateur de mille euros. Oui il s'agit ici de tous ces avis sur les entreprises. Ces entreprises qui font tout pour satisfaire leurs clients mais hélas, il y a toujours un mécontent et c'est souvent les mécontents qui ont le temps où l'idée d'aller laisser un avis. Ces entreprises qui doivent porter ce que les autres pensent d'eux comme un fardeau. Ces entreprises qui doivent désormais investir pour que les gens veillent à ce que les gens pensent du bien d'eux.

A la base, les avis sont censés aider à améliorer notre monde grâce au partage de l'expérience utilisateur, mais aujourd'hui qu'est-ce qu'on en a fait ?

[...] Oui encore plus loin, de tous ces avis sur les gens.

Aujourd'hui ce que tu fais ne suffit plus, mais ce que les autres disent de toi encore plus.

L'importance des petits pas

Il y a des petits pas qui mènent à de grandes destinations

Il y a des petits commencements qui finissent avec d'excellents résultats.

Il y a des petits sentiers qui mènent au sommet de la montagne

Avance à ton rythme

Ne regarde pas le timing des autres.

Chacun a son propre timing à lui

Avance et profite bien de chaque instant de ton voyage

Car après tout, quoi de plus que le bonheur

Et le bonheur

C'est aussi trouver une raison d'être heureux à chaque instant de sa vie.

N'attendons pas d'être acculé

Quand il y a la place dans le bus, dans le tram, dans le métro Les gens ne veulent pas s'asseoir les uns à côté des autres. Ils cherchent une place totalement libre, un coin tranquille. Ils prennent du temps à choisir un endroit où s'asseoir. Ils prennent surtout du temps, et rarement ils acceptent de s'asseoir à la première place libre à côté d'eux.

Mais attendez que le bus le tram le métro soit rempli, débordé. Là ils s'assiéront à la première place qui se libère, ou à la première place libre. Et là en plus de s'asseoir, ils pousseront un ouf de soulagement. S'ils étaient debout, ils attendront impatiemment que quelqu'un se lève pour pouvoir s'asseoir.

[...] Quand tu as beaucoup de vêtements dans ton armoire, le matin avant d'aller au travail, ou avant de sortir tout simplement, tu hésites entre tel ou tel vêtement. Alors qu'au moment où tu n'avais pas assez de vêtement, tu prenais le premier qui te tombe sous la main et tu partais. Aujourd'hui, avec tous ces choix, tu dépenses plus de temps après la douche à choisir un vêtement. Pour pouvoir agir, il faut vivre comme si aujourd'hui était le dernier jour. Pour pouvoir agir, il faut vivre comme si on ne le faisait pas, personne ne le ferait à notre place. Si chacun de nous essaye d'agir sans attendre que l'autre le fasse. Notre monde sera bel et bien meilleur à vivre. Nos malades dans les hôpitaux seront heureux, nos frères et sœurs dans les prisons auront une vie meilleure. Nos veuves, nos orphelins seront plus heureux que ce qu'ils ne sont actuellement.

Il faut partir les mains vides

Le cimetière est rempli de gens qui ont des rêves, des talents, des projets, le cimetière te cherche, il veut te récupérer avant que tu n'aies le temps de réaliser ce que tu as dans ton cœur, mais toi sois plus malin que lui. Assure-toi chaque jour avant de dormir, d'avoir tout donné, assure-toi de vivre chaque jour comme si c'était le dernier, assure-toi de dormir les mains vides, assure-toi de tout donner durant ta journée, assure-toi de travailler pour tes rêves, tes talents, tes projets, ainsi quand le cimetière passera te récupérer, il te trouvera vide et toi aussi tu pourras lui répondre comme le messie l'a fait sur la croix, « TOUT EST ACCOMPLI ».

Partie : Essai d'un petit adolescent sur la vie[9]

---

[9] Cette partie englobe des textes que j'ai écrits durant mon tout jeune âge... je tiens quand même à les publier. Comme le disait Diderot dans « la religieuse », c'est un service que le moi d'aujourd'hui doit rendre au moi d'hier. Cette partie contient des essais de théorie et non des vérités absolues. Si vous ne partagez pas les théories ci-dessous, c'est normal, je serai ravi de lire vos explications à vous sur les différents sujets...

Cette force cachée quelque part en nous

Il était une fois dans une ville, un jeune homme qui s'appelait
« EZO ». Le jeune « EZO » avait beaucoup d'admiration pour un
certain monsieur « ESSI ». Il vint une fois vers ce monsieur lui
demander à plusieurs reprises de lui apprendre les arts martiaux. Il
insista jour après jour auprès du monsieur « ESSI », mais ils
n'eurent jamais le temps de passer au cours pratique. Monsieur
« ESSI » lui demandait à chaque fois pourquoi il voulait apprendre à
se battre. EZO répondait souvent qu'il voulait être calme serein posé
comme lui, il voulait s'assurer d'être capable de se défendre en cas
d'un imprévu, en cas de force majeure. Puis un jour, en pleine nuit,
le téléphone de Monsieur « ESSI » sonna, c'était le jeune « EZO »
au téléphone, il avait l'air paniqué, il était trois heures du matin
environ. Qu'est ce qui s'est passé demanda Monsieur « ESSI ». Le
jeune homme répondit : « j'ai tué un homme, je crois, j'ai peur
d'avoir tué un homme ». « Garde ton calme, répliqua Monsieur
« ESSI », tu es où ? le jeune « EZO » lui dit qu'il est à l'hôpital, et
que la personne avec qui, il venait de se battre est dans le coma. Un
temps, deux temps, puis des temps, et Dieu merci, la personne n'est
pas décédée finalement, elle vit toujours. Mais qu'est ce qui s'est
réellement passé, voilà la petite histoire :

*« Le jeune EZO venait d'avoir une nouvelle copine « KEKELI », et comme tous
les vendredis soirs, il amena en voiture sa petite amie « KEKELI » à une soirée.
Au retour, il déposa la jeune princesse près de chez elle, sauf que la fille n'avait
pas totalement rompu avec son ex ou du moins pour son ex, ce n'était pas
totalement fini. Ainsi un Vendredi soir comme d'habitude, le couple revenait
d'une soirée, et Le jeune EZO alla déposer KEKELI chez elle, ils étaient encore
en train de se dire « au revoir » chaleureusement quand tout à coup le jeune
EZO reçut un grand coup sur la tête. Avant même de savoir ce qui se passe,*

avant même de savoir pourquoi cet inconnu l'agressait, il avait déjà la tête qui saignait.

*Ainsi, le jeune EZO ayant compris la gravité de la situation dans laquelle il se retrouvait, ayant compris qu'il se retrouvait entre la vie et la mort, ayant compris que si jamais, il ne se relève pas tout de suite pour se sauver, pour gagner ce combat ; Il risquait de perdre sa vie ainsi, et personne ici ne se rappellerait de lui. Non seulement il n'y avait personne autour pour entendre les cris de secours, mais surtout il était trois heures du matin, et la majorité des gens étaient endormis. Aussi une seconde de plus de perdu et notre ami se ferait achever très rapidement. Alors il prit son courage à deux mains, la tête plein de sang, serra les points et mena le combat pour la vie : « combat pour la survie ». Il finit par assainir un coup fatal à son adversaire, ne sachant même pas d'où lui est venu cette force et ce dernier tomba raid droit au sol. Le jeune homme ne savait pas d'où lui est venu ce courage, cette détermination à ne pas vouloir mourir ce soir. Tout ce qu'il sait, c'est que tout à coup, à un moment donné, c'était écrit dans sa tête, « **vivre ou mourir, aujourd'hui ou jamais** ».* A suivre…

[…] l'objectif ici n'est pas d'encourager le combat de rue, l'objectif ici n'est pas de souhaiter le malheur de quelqu'un, l'objectif de cette histoire est simplement de montrer que : « Quand on est acculé, on trouve en soi une force qu'on ne soupçonnait pas avant. La force se trouve parfois dans le désir de survie. Quand on veut protéger sa vie, on trouve en soi une force qu'on ne soupçonnait pas avant, la force se trouve parfois dans le désir de survie. Bref, on ne sait pas de quoi on est capable jusqu'à ce qu'on soit confronté à certaines situations de la vie ». Comme quoi, on ne se connait pas complètement, c'est parfois les circonstances les plus inconfortables qui déterminent nos réelles capacités ou qui nous font aller au delà de nos capacités.

Rien n'arrive au hasard

Dans les contestations contre *Moise* dans le désert, beaucoup ont perdu la vie, sauf que parmi eux, figurait malheureusement un innocent. Cet innocent était mort ce jour-là avec les coupables, malgré qu'il ne fasse pas partie de ceux qui ont contesté contre *Moise*. A lire cette histoire, on peut être choqué, on peut se dire comment, un être supérieur à l'humain, cet être là qui est chargé de mettre en pratique la punition, a pu se tromper, bref, je me posais un tas de questions en lisant ce passage. Je fermai mon livre ce jour-là, et j'allai me coucher. Je réfléchissais dessus et j'en voulais à cet *être au-dessus des êtres humains*. Mais le lendemain, quand je continuai la lecture du livre, j'arrivai à un passage où je compris pourquoi cet *être au-dessus de nous*, a laissé passer cette injustice. Cet innocent qui a péri dans cette contestation était un monsieur qui n'avait que pour enfants des filles. Et jusque-là, la loi sur l'héritage en ce moment-là, ne prenait en compte que les garçons. Après la mort de cet innocent, les oncles ont voulu se servir des biens de ce dernier au détriment de ses filles. Grâce à la vigilance des filles, à l'écoute de *Moise* et surtout à la clémence de cet *être au-dessus des humains*, le tout puissant ordonna ainsi la modification de cette loi pour qu'elle prenne désormais en compte les défunts qui n'ont que des filles pour descendants. Et cette histoire a servi de leçon c'est-à-dire que, n'ayant uniquement que de filles, cet innocent a servi d'expérience pour rendre plus équilibrer ou plus juste la loi sur l'héritage. Avant cet évènement, l'héritage n'était que pour les fils, (les hommes) mais depuis cet évènement, l'héritage est désormais ouvert aux deux genres. Comme quoi, rien n'arrive au hasard. Il faut apprendre à voir les choses du bon côté.

Le scénario de la mort[10]

Chaque jour tu dors, et parfois, ou souvent, ou peut être très rarement tu fais des rêves. Tu es peut-être un homme de grande valeur, un artiste célèbre ou reconnu de par le monde. Tu dors, tu te réveilles, c'est normal à tes yeux puisque c'est devenu une habitude. Mais sache qu'il y en a qui tous les jours dorment et qui ne se réveillent plus. Oui ça se passe ailleurs certes mais un jour ça risque d'être aussi ton tour. Du moins tout dépend du moyen par lequel tu comptes rejoindre l'autre monde.

[...] Un jour viendra où tu dormiras, tu feras un rêve dans lequel tu te retrouveras seul quelque part. Tu feras promener tes yeux pour examiner ce qui t'entoure. Mais avec un air un peu préoccupé, un air un peu étonné par ce décor un peu étrange, ce décor un peu pas comme ce que tu as l'habitude de croiser souvent. Bref tu te poserais des questions, et tu te diras finalement : *« surement que je suis en train de rêver, je vais bientôt me réveiller »*.

C'est en ce moment-là que quelqu'un t'apparaitra. Toi tu lui diras : « *où suis-je et que suis-je en train de faire ici ?* » Il te répondra : « *Humm ! Tu es déjà mort, tu n'es plus vivant* »

Et tu lui répliqueras : « *Moi mort ? Moi à qui il reste tant d'années à passer encore sur terre, moi à qui il reste tant de projets à réaliser encore sur terre, moi à qui il reste tant de livres à publier encore sur terre, moi à qui il reste tant de prix à gagner encore, moi à qui..., moi à qui etc...* »

---

[10] 2 Mercredi 18 Mars 2009 Université de Lomé bibliothèque universitaire (15h 22' – 15h 35'), ceci est une théorie et non une vérité absolue.

Puis tu ajouteras : « *Hier seulement j'étais allé enregistrer ma nouvelle chanson au studio... demain même je compte aller à un rendez-vous très important avec mon producteur* ».

Mais il te dira à nouveau : « *Tu es déjà mort, pour te rassurer, regarde, comment ta famille est en train de te pleurer* ».

[...] Au même moment tu verras comme dans une télévision ce qui se passe sur la terre, ton corps secoué par tes proches (ta mère, ton père, tes frères et sœurs, tes amis...) en train de se lamenter en vain sur ta disparition, en train d'essayer de te réveiller mais en vain.

Mais tu contesteras sévèrement, et tu crieras : « *NON ce n'est pas possible !!!*

Quelqu'un m'a dit à travers son prophète, Qu'il m'a oint chanteur, pour consoler les cœurs des hommes, pour fortifier, réconforter, soulager ceux dont le cœur est abattu, accablé, opprimé...

[...] Et cette mission, ce n'est pas seulement dans mon pays que je le ferai, Il m'a dit de parcourir toute la terre... et selon moi, Je ne suis même pas au millième de mon parcours... »

Mais l'ange te ripostera : « *Tu n'étais qu'un simple instrument de lui, tu as concouru à la réalisation de ses desseins sur la terre, tes jours sur la terre sont accomplis et c'est pourquoi aujourd'hui tu as été recueilli...* »

Tu diras beaucoup d'autres choses pour essayer de changer la donne, voire même invoquer le nom de ton Seigneur, le nom de ton sauveur, mais tout cela sera juste sans effet. Alors tu te mettras à vouloir le supplier en lui récitant tes bonnes œuvres, mais en vain également.

Mais finalement, cet ange te quittera, et la récompense de tes œuvres viendra te récupérer. [...]

Essai sur le rêve[11]

Le rêve c'est comme voyager dans le temps, tu vas dans le futur pour voir ce qui va se passer et tu peux aller aussi dans le passé pour comprendre ce qui s'est déjà passé. Tu peux faire tous ces déplacements sans toutefois pouvoir forcément changer le cours des choses. Il arrive parfois que tu sois capable de récupérer quelque chose qu'on t'a volé ou quelque chose que tu as juste perdu. Et ceci n'est souvent possible que si tu as assez de force nécessaire pour le faire.

Oui tu peux te retrouver dans un temps autre que le présent mais ne rien pouvoir faire si tu n'as pas de force nécessaire.

Parlant de force nécessaire ou d'énergie nécessaire, l'une des manières d'acquérir cette source d'énergie légale ou légitime ou standard, qu'on peut citer est la prière. Oui, car on pourrait dire que c'est par là que l'on acquiert de nouvelles sources d'énergies, du moins celles qui sont légales, légitimes, standard, accessibles à tous sur le plan spirituel et sans effet secondaire néfaste. Les autres moyens d'acquisition de sources d'énergie ne sont pas sans conséquence ou sans effets secondaires et sont surement plus couteux voire plus dangereux.

Il va falloir que l'on cherche à comprendre ce que les gens appellent « prière » (mais ce n'est pas l'objectif de ce texte ici).

---

[11] Mercredi 18 Mars 2009 Université de Lomé (bibliothèque universitaire) à 15h 36'

Revenons du coup à notre thème ici c'est-à-dire le rêve. A mon
humble avis, sans rejeter toutes les théories qui existent déjà

[...]

ton rêve est la vue du ciel de ta vie

C'est la guerre des temps

C'est le combat dans l'espace

C'est un don que tu possèdes gratuitement

Aucun esprit ne peut te l'ôter

Car également, une partie de toi est « esprit »

Tout ce que fait l'ennemi dans les ténèbres sur ton âme

ne t'est pas caché, ne t'est pas dissimulé.

Le fait que ton esprit soit relié à ton âme et à ta chair

Suffit pour expliquer tes rêves ou tes cauchemars

Ton esprit voit tout et Il te les révèle

(*ou toi aussi tu les vois indirectement et surtout involontairement*)

C'est toi maintenant qui as la connaissance

Qui as le pouvoir de demander de l'aide extérieure

(*au cas où c'est une mauvaise nouvelle qu'on t'annonce*)

Comme par exemple implorer un être pas seulement au-dessus de

toi mais surtout et c'est très important,

au-dessus de ton ennemi ou de ton adversaire, ou de ton problème

Implorer cet être de te fortifier

Bref fortifier ton esprit

Car d'autres se sont rassemblés pour te faire du mal

Lui seul (ton esprit) est incapable de bien te défendre

Si tu n'as aucun *dieu* derrière c'est-à-dire un être supérieur à toi et

à tes ennemis

[...]

L'ennemi regrette vraiment le fait que tu sois capable de le voir te
faire du mal.

Pour toi, c'est des cauchemars

Mais tu n'as fait que voir ce que l'autre prépare contre ta vie

Et pour t'empêcher de les prendre en compte

Pour t'empêcher de les prendre au sérieux

Ils ont pénétré certaines personnes

Afin de t'emmener à prendre la chose à la légère

Te faire croire par exemple que tout le monde fait des rêves, des
cauchemars

Que ce sont uniquement le reflet de tes désirs cachés, de tes désirs
non satisfaits...

Bref que c'est l'expression de ton inconscient[12]

Parce qu'ils savent que le simple fait que tu en sois conscient

T'amènera à chercher des voies de sortie

T'amènera à implorer le secours de cet être au-dessus de toi et de tes
adversaires

De peur que tu ne sois sauvé

Et que tu ne leur échappes

Alors dans ce cas,

Eux ils seraient en train de perdre une proie[13].

---

[12] Ce texte n'a pas pour objectif de rejeter les autres théories sur le rêve mais ce texte est l'une de nombreux essais d'explications sur le rêve. Comme quoi personne ne détient toute la vérité.

[13] Ceci est une théorie parmi tant d'autres qui existent sur l'explication des rêves, ceci n'est pas une vérité absolue...

La parole c'est de l'air[14]

Si parole égale faculté de parler, d'exprimer une pensée au moyen de la voix,

Pour parler, on a besoin de l'air, sinon essayons de parler tout en se bouchant le nez, nous remarquerons que le volume de notre voix diminuera au fur et à mesure que l'on se sert de la réserve d'air initialement emmagasinée dans notre organisme, jusqu'à ce qu'on ne peut plus même prononcer une seule lettre « a ».

Ou aussi notre voix, notre parole varie selon notre état de santé : quand on est enrhumé, en colère, en joie, en tristesse etc...

Si nous sommes d'accord que la parole c'est de l'air,

Si vous allumez la musique dans la chambre et fermez toutes les portes, celui qui est au dehors n'entendra rien de ce qui se fait dans votre chambre

Mais si vous ouvrez une fenêtre seulement vous verrez que le son de la musique ira au dehors et si le vent souffle, il peut emporter avec lui le son et le distribuer partout où c'est possible.

Aussi vous pouvez jouer la musique dans votre voiture climatisée, portières, capot, tout étant fermé, celui qui est à l'extérieur ne percevra aucun bruit (presque), mais si vous garez votre voiture et ouvrez une portière, celui qui est à l'extérieur percevra le son de votre musique (en entier).

---

[14] Lundi 10 Novembre 2008, quartier bè Château, vers 21H 34'

Ceci veut peut être dire simplement que le son était contenu dans l'air et que la voiture hermétiquement fermée empêchait l'air de sortir,

donc le son de sortir. Et le fait d'ouvrir la portière entraine un échange d'air avec l'extérieur car l'air étant toujours en mouvement.

La parole c'est de l'air en ce sens que si je parle et que je mets la main sur ma bouche ; l'autre n'entend pas très bien ce que je dis mais si je relève ma main, il entend très bien.

Ceci s'explique peut-être par le fait que la main sur ma bouche empêche l'air de sortir tandis que la main enlevée, l'air circule librement[15].

L'air est la plus grande bibliothèque du monde

Si *secret* est ce que l'on ne doit dire à personne, ce qui doit rester caché, et bien le muet peut facilement garder un secret.

Si le moyen de parler à son prochain est de recourir uniquement à la parole, à sa voix *(la voix étant simplement l'habit que porte une parole confère « l'air, l'invisible, un secret », démontrer que la parole c'est de l'air[16])*.

Alors l'autre ne saura jamais ce que nous pensons tant que nous ne l'avons pas exprimé. L'autre ne saura pas qu'il nous manque tant que nous ne lui avons pas dit. Or force est de constater qu'à plusieurs reprises, on pense à quelqu'un et au même moment notre

---

[15] Ceci est un essai de théorie et non une vérité absolue.

[16] La parole c'est de l'air, nous parlons parce que nous respirons, parce qu'il y a de l'air qui rentre dans notre corps. Sinon essayons de boucher notre nez, et essayons de parler, le volume de notre voix ira en baissant. Pourquoi ? parce qu'il n'y a plus assez d'air dans nos poumons pour construire notre voix.

téléphone sonne et c'est la personne qui nous appelle. Force est de constater qu'à plusieurs reprises, on pense à quelqu'un et au même moment c'est la personne qui sonne à notre porte. Force est de constater qu'à plusieurs reprises on pense à quelqu'un et on nous annonce le lendemain une bonne ou une mauvaise nouvelle le concernant. Et on se dit mais je pensais justement à toi et tu m'as appelé, je pensais justement à lui hier etc...

Si on est convaincu qu'un hasard ne se répète pas plusieurs fois alors comment expliquer ce genre de choses ou simplement ce genre de coïncidences ?

Ma théorie sur l'air est toute simple, ce que nous avons en commun c'est l'air. Nous respirons tous, celui qui ne respire pas est déjà mort. Nous respirons tous le même air, que nous soyons homme, femme, enfant, blanc, noir, jaune ou rouge. Ma théorie sur l'air est la suivante, vu que nous respirons, cela veut dire que l'air entre à l'intérieur de nous et ressort de nous également. L'air en entrant à l'intérieur de nous, en pénétrant nos poumons, notre cœur, consulte nos pensées, nos émotions, nos ressentis et ressort chargé de tout cela. Cet air est distribué dehors quand nous expirons. Ce qui fait que la personne qui respire l'air comme nous, peut avoir accès à ce que nous pensons, ou en d'autres termes peut penser la même chose que nous mais sans savoir que l'idée lui vient d'ailleurs. Ce processus à un rythme donné peut expliquer pourquoi parfois, deux ou trois personnes qui ne se sont jamais vues ni parlées, écrivent ou pensent de la même manière sur un seul et même sujet.

Si vous voulez transmettre un message à la génération future ou à quelqu'un quelque part, il suffit de dire ce que vous voulez dans l'air ou dans l'atmosphère. Le message arrivera pas forcément à la personne que nous voulons qu'il voit notre message, mais le message arrivera quand même dans le cœur de quelqu'un. Ainsi pour moi la plus grande bibliothèque du monde c'est l'air. C'est l'air qui conserve les idées, les pensées, les émotions de nos ancêtres. Cette idée innovatrice que nous avons, cette pensée qu'on appelle « inspiration », cette idée vient de l'air que nous respirons.

[...]

Le soldat des ténèbres

C'est une théorie de mon village, une théorie selon laquelle chaque parole prononcée est une image créée, chaque idée pensée est une image en création, c'est-à-dire qu'en le pensant on lui donne l'aspect positif ou négatif (beau ou vilain).

Avant de commencer cette première partie, rappelons que toutes les malédictions n'ont pas toutes le même temps de réalisation. Ici nous nous intéressons à celles qui se réalisent avec le temps.

Quand tu maudis quelqu'un, il n'est pas sur le champ maudit, c'est avec le temps que la malédiction prend effet.

D'après la théorie du « soldat des ténèbres » la mauvaise parole que tu as prononcée est une image que tu as créée. Elle vit dans le monde virtuel, son aspect est comme la beauté de ta parole. Tu l'as créée, tu es comme son dieu, elle se nourrira de la mission que tu lui as confiée.

Cette image que ton adversaire (celui contre qui tu l'as prononcé) considérera comme *mauvais sort* ne peut disparaitre que par l'effet d'une autre parole plus puissante ; c'est ce qu'habituellement, avec le temps on a transformé en prière. Du coup pour prier, on te demandera d'avoir la foi,

Puisque prononcer de bonnes paroles ne bénéficie pas de ton propre soutien il faut que tu aies de la foi pour l'amener à se réaliser ; parce qu'étant en colère, on a de la foi sans savoir, sur toutes paroles que l'on prononce, on jure sur la tête de ses ancêtres qu'on a pourtant jamais connus, avec la colère on n'a plus peur de se battre contre quelqu'un envers qui on ressentait de la peur ; on n'a plus peur de subir un échec, on est prêt à tout.

Du coup ne vous étonnez pas si les malédictions se réalisent plus vite que les bénédictions ; en aucune manière cela ne voudrait dire que le bon Dieu est moins puissant que le petit diable. C'est que la colère semble donner naturellement et gratuitement de la foi ; il est très facile de se mettre en colère.

[...] Du coup la délivrance de ton adversaire voudra dire l'expiation de tes mauvaises paroles... [...]

L'enfer ou le paradis

J'ai lu plusieurs ouvrages psychologiques, philosophiques et d'autres que j'aurai du mal à classer. J'ai été particulièrement touché par les œuvres de Platon, par tous ces personnages.

Implicitement Socrate et ses interlocuteurs ont parlé du royaume des morts bref de l'Hadès car c'est ainsi qu'ils aiment le dénommer.

Ce que dit Socrate sur l'Hadès,

Dans Gorgias de Platon, Socrate démontrait avec *Calliclès*,

Polos, Gorgias, à l'occasion d'une question sur la rhétorique que la justice était la médecine de l'âme, et qu'il était très mauvais de laisser un méchant impuni.

En punissant un méchant, on le délivrait ainsi de sa méchanceté, en le laissant impuni le méchant lui-même n'est plus à l'aise avec lui-même, car ayant une âme souillée, sa faute n'étant pas expiée, il se sentira coupable toute sa vie.

Bref la punition, ou le fait de payer pour sa faute nous lave de cette faute, purifie notre âme, nous innocente, **L'enfer du coup peut être aussi appelé le lieu où a lieu cette punition**. Si c'est le cas alors, l'enfer est-il oui ou non une mauvaise chose ?

Si aller en enfer, c'est payer pour sa faute, il faut être fier d'y être, car l'on s'en sortirait alors guéri de ses fautes, purifié de ses iniquités, et à la fin *non coupable*.

Celui qui s'appelle « Je suis » a-t-il créé l'enfer pour purifier les âmes souillées par nos fautes, nos erreurs, nos péchés, par nos transgressions ? Ou plutôt parce que n'étant plus possible de purifier les âmes impures, Celui qui s'appelle « Je suis » a créé un endroit pour pouvoir les brûler éternellement ?

Si les âmes sont immortelles, et qu'elles deviennent indésirables, inutiles pour celui qui s'appelle « Je suis », les bruler éternellement serait-il la dernière solution, puisque tout compte fait elles sont et resteront toujours immortelles ?

Je suis sûr que ce n'est pas là le dessein de Celui qui s'appelle « Je suis », parce que je le trouve d'abord des milliards de milliards de fois plus intelligents que nous les humains.

Si l'hypothèse selon laquelle « L'enfer serait un endroit pour purifier les âmes impures, les âmes souillées » est vraie, alors l'enfer serait le médecin de l'âme, l'hôpital vers lequel sont transportées les âmes malades pour être soignées. Les soins nécessiteraient des opérations douloureuses voire pénibles.

Celui qui s'appelle « Je suis » sachant d'avance cela, envoie ses hommes pour nous avertir de ce qui nous attend dans l'au-delà (après notre mort). Il dit que l'au-delà ne veut garder que des choses pures. Un tri sera fait entre ce qui est pur et impur, entre ce qui est malade et en bonne santé. Mais l'issue de ce tri se joue actuellement ici-bas.

S'il y en a d'impurs qui entrent, elles seront transportées à l'hôpital pour être purifiées, une purification douloureuse, une purification qui risque de durer très longtemps (voire éternelle).

Et nous ici-bas, on peut éviter cette douleur en purifiant notre âme sur la terre ; et c'est la meilleure des choses parce que le faire là-bas dans cet hôpital (l'enfer) est si pénible que Celui qui s'appelle « Je suis » ne nous souhaite pas ce sort.

C'est pour cela que certaines religions vous diront : « repentez-vous maintenant car le royaume des cieux est proche »

[...] Tout se passe comme si, Celui qui s'appelle « Je suis », le grand médecin a donné l'ordre à ses infirmiers de ne pas utiliser d'anesthésies, c'est la seule punition qu'il a infligée afin de punir l'humain qui n'a pas su respecter les préceptes de pureté ou de *bonne santé* sur la terre où il avait toutes les opportunités de le faire. [...].[17]...

---

[17] Ceci est de la pure théorie, merci de ne pas prendre le contenu des textes comme de la vérité absolue.

Partie : poésie

La bonne question après 25 ans

Quand les amis d'enfance se retrouvent après 25 ans.

Ils ont tendance à se comparer genre qui est le plus riche, Le plus haut placé, le plus diplômé etc... Ils oublient que la vraie question était plutôt qui est le plus heureux aujourd'hui ? Qui est le plus en bonne santé ? Qui est le plus en paix ? Qui est le plus libre ?

En son nom

En son nom, tout genou fléchira
Soit tu le fais volontairement maintenant
Soit tu seras obligé de le faire un jour

Car en son nom tout genou fléchira
Fléchit ton genou maintenant, Tandis qu'il te le demande
N'attend pas que les circonstances de la vie t'obligent à le faire.
N'attend pas que les déceptions de la vie t obligent à le faire
Car En son nom tout genou fléchira
Le reste n'est qu'une question de temps.

Ce travail que nous voulons abandonner

Ce travail que nous voulons abandonner

Ce foyer que nous voulons quitter

Ce pays que nous voulons fuir

Quelqu'un quelque part

Serait juste ravi de n'avoir que ça

Tout le monde a des rêves

Tout le monde a des rêves, Mais il n'y a que ceux qui passent à l'Acte qui prennent le risque de les réaliser.

Même si on est milliardaire

Même si on est milliardaire
On ne mangera pas plus que notre faim.

Non au jugement

Fermons notre bouche et ouvrons nos bras, ce monde a besoin d'amour et non de jugement.

Dieu travaille à travers les anges

Dieu travaille à travers les anges

Les anges travaillent à travers toi

Alors toi, pourquoi as-tu cessé d'agir ? Relève-toi vite et continue le combat

Un enfant a besoin des deux parents

Parce qu'être un bon père ne suffira pas
Parce qu'être une bonne mère n'a jamais suffi non plus.
Les deux parents sont indispensables
Sauvez la vie de famille
Faites-le pour les enfants
Faites-le pour la génération future

Ils n'ont rien demandé

Apprendre de l'erreur des autres

Faire des erreurs, c'est humain

Apprendre de ses erreurs et de celles des autres

Reste un défi quotidien.

I Love you

Tu es le soleil dans les ténèbres de ma vie

Tu es les étoiles qui décorent le ciel de mes nuits

Tu es l'image qui enlève mon aveuglement

Tu es la voix qui apaise ma colère

Tu es le sel dans mes repas

Tu es le miel sur ma langue

Tu es le jour qui me rajeunit

Tu es ma princesse i love you

I love you I love you

Réveille-moi

Réveille-moi là où je suis endormi

Ressuscite-moi là où je suis enterré

Retrouve-moi là où je suis perdu

Apporte-moi ta lumière

Là où l'Obscurité m'a englouti

Des parents aimants

Un papa

Une maman

Des parents aimants

C'est tout ce que souhaite un enfant

Tu es comme un Père

Tu es comme un père

Tu es comme une mère

Toute mon existence

Je ne la dois qu'à toi

Je suis comme une ombre qui ne reflète que toi

Je suis comme un vase qui ne contient que toi.

Aime-moi !

Aime-moi

Dis-le-moi

Montre-le-moi

Aime-moi

Rappelle-le-moi

Manifeste-le-moi

Aime-moi

La vie est belle !

La vie est belle

Pourquoi ne pas se parler parce qu'on n'est pas de la même

Couleur

La vie est belle

Pourquoi ne pas se parler Parce qu'on n'est pas de la même religion

La vie est belle

Pourquoi ne pas se parler parce qu'on est pas du même pays

La vie est belle

Elle est belle tout simplement

Elle est faite pour aimer et être aimé

Elle a commencé par le fruit de L'amour

Elle doit continuer à être nourrie par L'amour.

La vie est belle tout simplement

Lettre à ma mélanine

Quand je pense à toi

Je souris

Quand je rêve de toi

Je souris dans mon sommeil

Et Quand je te vois

Mon cœur se remplit de joie.

Mes yeux ne se lassent jamais de contempler ta beauté.

Ta voix est comme une douce mélodie à mes oreilles.

Ton baiser est comme une goutte de miel sur mon palais.

Je t'aime

Même ce mot ne suffira pas pour exprimer ce que je ressens pour

toi.

Je t'aime

Même ce texte ne suffira pas pour te témoigner l'immensité de mon amour pour toi.

Je t'aime

Je t'aime mon Seigneur

Pour cette magnifique nature que tu as créée

Je t'aime mon Seigneur

Pour ce magnifique ciel qui est comme un toit au-dessus de ma tête.

Je t'aime mon Seigneur

Pour cette magnifique terre qui est comme une moquette au-dessous de mes pieds.

Je t'aime mon Seigneur

Pour ce magnifique soleil

qui est comme une ampoule dans une grande maison

Je t'aime mon Seigneur

Pour cette magnifique lune

Qui est comme ma lampe de chevet

Je t'aime Mon Seigneur

Pour ces magnifiques étoiles qui brillent comme une guirlande au-dessus de ma tête.

Je t'aime Seigneur

Pour tout et pour tout. Je t'aime

N'oublions pas de leur dire « Je t'aime »

N'oublions pas de leur dire je t'aime

Tandis qu'ils sont vivants

N'oublions pas de leur dire je t'aime
Tandis qu'ils sont à coté
N'oublions pas de leur dire je t'aime
Avant de dormir
N'oublions pas de leur dire je t'aime
Avant de quitter la maison
N'oublions pas de les appeler parfois
Pour leur rappeler
A quel point on les aime
Pour ma part, je vous aime

J'ai rencontré un homme

J'ai rencontré un homme
Et ma perte de sang s'est arrêtée
J'ai rencontré un homme
Et mon infirmité m'a quitté
J'ai rencontré un homme
Et les ténèbres qui recouvraient ma vie ont disparu
J'ai rencontré un homme
Et la folie en moi a laissé place à la raison
J'ai rencontré un homme
Et depuis ma vie n'est plus pareille.
Tout ça parce que j'ai rencontré un homme.

Ils avaient juste vu une étoile

Ils avaient juste vu une Etoile
Et ils ont dit qu'un Roi est né

Ils avaient juste vu une Etoile

Et ils ont dit qu'un Roi est né

Ils n'ont pas vu de femme enceinte

Ils n'ont pas entendu de bruit de bébé

Ils avaient juste vu une Etoile

Et ils ont dit qu'un roi est né

Ils ont juste regardé le ciel

Et ils avaient raison

Un Roi était vraiment né

Pas n'importe lequel

Un grand Roi

Ecrire

Ecrire

C'est laissé parler son cœur

Ecrire

C'est Exprimer ce qui nous tient à cœur

Mais que nous ne pouvons pas exprimer avec la parole

Thérapie par les mots

Les uns transforment leurs douleurs en musique, les autres
transforment les leurs en peinture, en dessin, en sport, en
motivation, en voyage et j'en passe etc...
Mais nous, nous transformons les nôtres en écriture.
thérapie par les mots

J'aime les dessinateurs

derrière une belle maison, se trouve un dessinateur qui a dessiné son plan

derrière une belle voiture, se trouve un dessinateur qui a dessiné son modèle

derrière ce beau corps, se trouve un dessinateur qui a dessiné sa forme

derrière ce beau soleil, cette belle lune, ces belles étoiles, se trouve sans doute un dessinateur

derrière la beauté de tes yeux, il y a surement un dessinateur derrière

derrière la beauté de tes lèvres, de ta langue, de tes dents, il y a surement un dessinateur qui a pris soin de les placer là-bas et non ailleurs

peu importe ce que mes yeux aperçoivent en toi ou dans cet univers,

je ne vois que la beauté des formes, cette forme si parfaite

si parfaite au point que tu es tenté de dire que cela ne peut être que

le produit fini d'une oeuvre d'art de quelqu'un.

châpeau à cette personne qui a pris soin de dessiner ta beauté,

châpeau à cette personne qui a pris soin de dessiner l'environnement dans lequel tu vis

respect à cette personne qui a pris soin de dessiner les étoiles, la lune,

le soleil, bref tout l'univers autour de toi, châpeau à ce dessinateur

châpeau aux dessinateurs,

et pour ne pas oublier, merci d'avoir donné une forme au langage

merci d'avoir dessiné l'écriture, oui merci à vous

car même les alphabets que je rassemble en ce moment pour

composer ce texte, ont été eux aussi dessinés par quelqu'un

Mon bâton

Mon bâton

Je ne le mets jamais dans les Roues de mon prochain

Mon bâton

Je m'en Sers pour gravir la montagne sur mon chemin

Et je compte en prendre soin

Pour pouvoir m'en servir quand je serai vieux.

Et toi,

Que fais-tu de ton bâton ?

Ma fille

Ma fille

Pour écrire un texte en ton honneur, je rassemblerai tous les

alphabets de toutes les langues.

Ma fille,

Pour t exprimer mes sentiments, j emprunterai les écrits de tous les

poètes.

Ma fille,

Pour t écrire je t'aime

Je ferai couler sur le papier toutes les encres de tous les stylos.

Ma fille

Ton amour en moi est si grand

Et mon cœur est heureux de le porter en lui

Je les ai tous trouvés en toi

Qu'est-ce que c'est que le repos ?

Ce n'est pas une personne

Mais nous tous on s'était mis à sa recherche

Qu'est-ce que c'est que la stabilité ?

Ce n'est pas une femme

Mais nous tous on s'était mis à sa recherche

Qu'est-ce que c'est que la paix

Ce n'est pas un Trésor Mais nous tous, on s'était mis à sa recherche

Mais moi

Je dis bien, Mais moi

Depuis que je t'ai connue

J'ai connu la paix

Depuis que je t'ai connue

J'ai connu le repos

Depuis que je t'ai connue

J'ai connu la stabilité

Tout ce que je courais après

Je les ai trouvés en toi

Ce petit cadeau

Nous venons au monde sans rien

Nous repartirons de ce monde sans rien également

La chose au milieu des deux s'appelle un cadeau

Ce petit cadeau s'appelle la vie.

Servons-nous de notre cadeau

Pour le bien être des autres

Servons-nous de notre vie

Pour s'aimer les uns et les autres

Il en va de notre propre intérêt.

Tout dépend de ce qui nous attend à l'autre bout

Pour l'un
Tel nombre d'heures de route c'est difficile
Pour l'autre
Tel nombre d'heures de route c'est facile
La vérité
C'est que tout dépend de ce qui nous attend à l'autre bout.

Rejoins-moi

Rejoins moi
Quand tu en auras marre de courir après l'argent
Rejoins-moi
Quand tu en auras marre de courir après la gloire
Rejoins-moi

Ne cherche pas à tout comprendre

Ne cherche pas à tout comprendre
Parfois il faut juste faire confiance

Secours viendra

Arrête de promener ton regard un peu partout
Le secours viendra de là où tu ne t'y attends pas
Et au moment où tu t'y attends le moins.

Famille heureuse

Si tu ne proviens pas

D'une famille heureuse

Laisse au moins

Une famille heureuse provenir de toi

Toujours vers l'avant

Dieu nous a donné Des pieds qui regardent devant

Pour nous rappeler d'aller toujours vers l'avant

Ne jamais abandonner

Parce qu'on ne sait jamais à quel point on est proche du but.

Raison pour laquelle, il ne faut jamais abandonner.

1er et malheureux ou 3ième et très heureux

Il y a ce que nous avons demandé et il y a ce que nous avons reçu.

Dans tous les cas, nous en sommes reconnaissants.

Choisis ta place dans ce titre, choisis ta place dans le monde.

L'homme qui est toujours insatisfait ou l'homme qui rend grâce

pour ce qu'il a.

Sommaire :

Partie 1 Un petit pas de plus vers l'humanité : 2

Quel merveilleux monde 3

La vérité cherche une voix pour l'exprimer 3

Dans le sang des héros 4

JE VEUX JUSTE VIVRE 5

La chute des murs 8

Lève-toi et continue le combat 9

Le monde comme il va 9

Mondialisation ou uni latéralisation 10

L'histoire des découvertes de territoires 16

Ce que nous mêmes, nous avons fait !!! 21

LETTRE A UN AFRICAIN 25

Rien a changé à part les noms 29

L'Afrique disparait 30

L'idéal de développement 40

Le berceau de l'humanité a besoin de nous 41

Quel rêve poursuivons-nous ? 42

Mère terre 42

Le cycle du rejet 43

Les briseurs de rêve 44

La vie après la réalisation de nos rêves 53

Ton coin de cuisine est un petit musée 55

Ne reste pas là à attendre indéfiniment ! 55

La douleur n'a épargné personne 56

L'homme est un arbre en mouvement 57

La particularité de notre génération 58

Pourquoi est-il si difficile ? 60

Famille planétaire 60

Aimons-nous les uns les autres 61

Regard d'amour 61

2020 62

Heureusement 62

Nous sommes le fruit de l'amour 63

N'oublions pas de leur dire je t'aime.. 64

Si quelqu'un te fait du mal... 65

Et si on passait à l'action.. 65

L'humanité a besoin de vous... 66

Les gens souffrent à côté de nous.. 66

La guerre des étoiles... 67

L'importance des petits pas... 68

N'attendons pas d'être acculé.. 68

Il faut partir les mains vides... 69

Partie : Essai d'un petit adolescent sur la vie 71

Cette force cachée quelque part en nous.. 72

Rien n'arrive au hasard... 74

Le scénario de la mort 75

Essai sur le rêve... 77

La parole c'est de l'air... 80

L'air est la plus grande bibliothèque du monde 81

Le soldat des ténèbres.. 83

L'enfer ou le paradis 84

Partie : poésie.. 88

La bonne question après 25 ans... 89

En son nom.. 89

Ce travail que nous voulons abandonner.. 89

Tout le monde a des rêves.. 90

Même si on est milliardaire.. 90

Non au jugement... 90

Dieu travaille à travers les anges... 90

Un enfant a besoin des deux parents 90

Apprendre de l'erreur des autres 91

I Love you... 91

Réveille-moi... 91

Des parents aimants... 92

Tu es comme un Père.. 92

Aime-moi !... 92

La vie est belle !.. 92

Lettre à ma mélanine 93

Je t'aime... 94

N'oublions pas de leur dire « Je t'aime » 94

J'ai rencontré un homme.. 95

Ils avaient juste vu une étoile... 95

Ecrire... 96

Thérapie par les mots 96

J'aime les dessinateurs 97

Mon bâton..98

Ma fille 98

Je les ai tous trouvés en toi 98

Ce petit cadeau 99

Tout dépend de ce qui nous attend à l'autre bout 100

Rejoins-moi 100

Ne cherche pas à tout comprendre 100

Secours viendra..100

Famille heureuse 101

Toujours vers l'avant 101

Ne jamais abandonner 101

1er et malheureux ou 3ième et très heureux 101

Sommaire :..i

Mon Petit Livre

Mon Petit Livre